中国政法大学70周年校庆
校史系列丛书

中国政法大学
1952—2022
70周年校庆
CHINA UNIVERSITY OF
POLITICAL SCIENCE AND LAW
70th ANNIVERSARY

总主编 李秀云

中国政法大学70周年校庆校史系列丛书

—— 刘 杰 主编 ——

老照片
背后的故事

法大凝眸

中国政法大学出版社

2022·北京

图书在版编目（ＣＩＰ）数据

法大凝眸: 老照片背后的故事/刘杰主编. —北京: 中国政法大学出版社, 2022.5
ISBN 978-7-5764-0328-2

Ⅰ.①法… Ⅱ.①刘… Ⅲ.①中国政法大学—校史
Ⅳ.①G649.281

中国版本图书馆CIP数据核字(2022)第021937号

　　　　　　法大凝眸
书　名　　老照片背后的故事
　　　　　　FADANINGMOU　　LAOZHAOPIAN BEIHOU DE GUSHI

出版者　　中国政法大学出版社
地　址　　北京市海淀区西土城路 25 号
邮　箱　　fadapress@163.com
网　址　　http://www.cuplpress.com (网络实名：中国政法大学出版社)
电　话　　010-58908466(第七编辑部) 010-58908334(邮购部)
承　印　　北京中科印刷有限公司
开　本　　720mm×960mm　1/16
印　张　　16.25
字　数　　275 千字
版　次　　2022 年 5 月第 1 版
印　次　　2022 年 5 月第 1 次印刷
定　价　　85.00 元

中国政法大学70周年校庆校史系列丛书

总　序

1952年，中国政法大学的前身北京政法学院在沙滩红楼正式成立。自创立之初，北京政法学院就秉承了北京大学、清华大学、燕京大学、辅仁大学和华北人民革命大学的红色基因和优良传统，为新中国培养了大量亟需的政法干部和高素质法律人才。同时，为共和国的法治建设、经济建设、社会发展贡献了不可或缺的智力支持。

1983年，在邓小平同志的亲切关怀下，在彭真同志的提议下，在"把中国政法大学办成我国政法教育的中心"精神的指导下，中国政法大学应运而生。伴随着改革开放的历史变革和法治建设的持续完善，在无数先贤前辈和所有法大人的不懈努力下，中国政法大学不断发展壮大，一步一步成长为"中国法学教育的最高学府"和"中国人文社会科学领域的学术重镇"。

2017年5月3日，习近平总书记考察中国政法大学，并围绕"立德树人德法兼修抓好法治人才培养，励志勤学刻苦磨炼促进青年成长进步"发表重要讲话。习近平总书记的重要讲话精神为全面依法治国和法学教育提供了根本遵循，也为中国政法大学的建设发展指明了方向。

七十载艰苦奋斗，七十载成就辉煌。在七十年的办学历程中，中国政法大学历经创办与建设、停办与撤销、复办与合并、划归教育部、进入"211"、进入"双一流"等一系列重大事件。在党和国家的高度重视下，中国政法大学不断改革创新、开拓进取，坚持党的教育方针，坚守为党育人、为国育才的初心和使命，在人才培养、师资力量建设、学科建设、科学研究、对外合作与交流、社会服务、文化建设等各个方面取得令人瞩目的成就，在全国高等院校中脱颖而出，成为一所特色鲜明的国家"双一流"建设高校。

德法兼修，明法笃行。中国政法大学始终不忘立德树人初心，牢记办学使命，秉持校训精神，赓续红色血脉，不忘优良传统，锤炼法大精神，传承学术薪火。一代又一代的法大人投身国家建设、致力于民主法治、推动社会进步，一批又一批理想信念坚定、学术功底扎实、勇于开拓创新的优秀学人脱颖而出。他们中有新中国法治建设的奠基人和先行者，有中国特色社会主义法律体系的开创者和亲历者，有在全面依法治国新时代各条战线上矢志坚守、一心奉献的杰出代表。

七十年来，中国政法大学始终坚持社会主义办学方向，与祖国共进、与时代同行，经过一代代法大人的艰苦奋斗，现已成为国家法学教育和法治人才培养的主力军、法学研究和法治理论创新的主阵地，在新时代推进全面依法治国和建设社会主义现代化国家的伟大征程中持续贡献法大智慧和法大力量。在七十年的办学历程中，学校为国家培养了各类优秀人才30余万人，参与了自建校以来国家几乎所有的立法活动，对外开展了广泛的法学学术和法治文化交流，引领着中国法学教育的发展方向，朝着中国特色世界一流大学阔步前进。

在中国政法大学七十周年校庆即将来临之际，我们既要在七十年的辉煌历程中回顾历史成就、凝练优良传统、发扬法大精神，也要在全面建设社会主义现代化国家的新征程上展望美好未来，为中国特色世界一流大学建设蓄积力量，再铸辉煌！

这套校史丛书从几个不同的方面系统总结了中国政法大学建校七十年来的成就，生动刻画了不同时代的法大人为党育人、为国育才的奋斗身影，在历史的大事件和小细节中深刻表现了法大人点滴熔铸、代代相传、引以为傲的法大精神。

丛书共包含《七秩辉煌：中国政法大学校史（1952—2022）》《法大凝眸：老照片背后的故事》《法大记忆：70年变迁档案选编》《法大群英：参与共和国立法的法大人》四个分册，首次出版于2012年法大甲子校庆之际，本次出版增补了近十年来学校的发展成就，并对部分史实进行勘误。希望丛书的修订再版对于师生校友进一步凝练法大精神、传承优良传统有所助益，对于社会各界了解法大、携手共进发挥桥梁和纽带的作用。

七秩辉煌筑基业，德法兼修创未来。站在七十年的新起点上，我们愿与所有关心爱护法大的师生校友和社会各界人士一起，继续为法大更加美好的明天而不懈奋斗！

中国政法大学党委书记　　胡　明
中国政法大学校长　　　　马怀德
2022年4月

修订版序言

2010年，在中国政法大学即将迎来60周年校庆之际，学校组织党委宣传部、档案馆和法学院的一批中青年骨干力量，历时一年半，集中编写并出版了校史系列丛书。《法大凝眸：老照片背后的故事》即是其中的一本。

十余年过去，中国政法大学即将迎来70周年校庆。十年间，学校的建设发展取得了长足的进步，顺利进入国家"双一流"建设名单，在第四轮全国学科评估中法学排名第一，跻身国内顶尖水平，办学成果不断凸显，社会声誉显著提高。2017年5月3日，习近平总书记考察法大并发表重要讲话，为学校立德树人、办学治校提供了基本遵循和行动指南。

十年间，中国政法大学变化显著。也许身居其间的我们，看惯了这日升月落、春去秋来，熟知了银杏转黄的时节，和一场夏雨后草尖的芬芳。但当我们抽身而出，用旁观者的视角，以十年、二十年、三十年……以至七十年的时间长度来衡量法大的变化，许多事情便足以让人唏嘘感慨，更足以让人赞赏惊叹。

比如，当今日之法大学子一如既往地"吐槽"学校的硬件条件，并自嘲式地引用梅贻琦先生的那句"所谓大学者，非谓有大楼之谓也，有大师之谓也"时，许多人可能对北京政法学院发端红楼、与北京大学共用校舍的往事知之甚少。而今同样鲜为人知的是，在搬到学院路校址时，面对四野的荒坟、盘旋的夜鸦和农田环绕中仅有的数幢小楼，建校时期的先贤们又是如何发挥艰苦奋斗精神，师生一起动手建设自己的校园。

又比如，许多人津津乐道于民国时期大师辈出，但其实大师就在我们身边——北京政法学院成立时，从北京大学、清华大学、燕京大学、辅仁大学及华北人民革命大学五校调来的人员中，就包括著名法学家、政治学家、北京大学法学院院长钱端升教授，以及费青、芮沐、楼邦彦、曾炳钧、严景耀、雷洁琼、吴恩裕、戴克光、杜汝楫等各个学科的大家，以及汪瑄、阴法鲁、王利器、潘汉典、朱奇武、程筱鹤、罗典荣、张国华、余叔通、陈光中、潘华仿等一大批青年才俊。可以说，这一批建校初期的奠基者，基本代表了当时法学、政治学、社会学等学科的顶尖水平。只不过年深日久、资料散轶，已少有人关注这些大师是否曾在中国政法大学的历史上留下痕迹。

我们编写这一本小书的初衷，正是要在校史的宏观叙事之外，记录这些在今天已经日渐湮灭的故事，记录故事之中那些在法大建设过程中艰苦奋斗、殚精竭虑的前辈先贤，以及故事之外那些时代发展中的亮色和闪光。

七十年前，当从五校汇聚而来的师生为了新生的北京政法学院夜以继日地奋斗时，新中国百废待兴，法治建设迎来新的纪元。没有法律，他们便投入共和国的立法工作中；没有法学教材，他们便在探索中自己编写整理适应新中国法学教育的教材讲义；没有研究生，就聘请苏联专家，培养自己的研究生……甚至校园也不完备，师生们在钱端升院长的带领下，利用课余时间"劳动建校"，与来参加全运会的解放军昆明部队运动员一起挖建"小滇池"，用自己的辛勤劳动建设美丽的校园。

这样的故事太多太多。与其他大学相比，法大的历史并不算长，校园面积在当年的学院路，也被称为"袖珍大学"。在七十年的办学历程中，她历经坎坷与沧桑。但正是在这坎坷与沧桑中，锤炼出了法大人艰苦奋斗、开拓进取的精神，服务国家战略、助力法治建设的光荣传统，以及为党育人、为国育才的办学使命。

我们在法大建设发展的七十年历程中，甄选出三十余个瞬间，定格历史记忆，凝眸于某一事件或人物，以一个个横切面来描摹大事件背后的精彩故事，让这些美丽的回忆和回忆中为法大做出无私奉献的前辈先贤们走近今天的读者。令人遗憾的是，时隔十载，当年接受我们采访的许多老教授、老干部已经先后离世，他们的回忆材料也成为十分宝贵的校史资料。

本次修订，我们仍然沿袭原书的框架和"珍贵老照片+专题文章"的形式，仅在原书的基础上增补6篇，并对原书中存在史料错误、互相矛盾的地方做了修订。同时，对原书部分措辞和说法根据学校的发展变化做了相应修改。

应该特别指出的是，此次修订增补了一篇《红色血脉　干部摇篮——中央政法干部学校源流》。作为中国政法大学的前身之一，中央政法干部学校在其发展历程中，为国家培养了大量的政法人才，为中央和地方国家机关培训了数万干部，在中国法治建设进程中贡献了自己的力量。梳理中央政法干部学校的发展脉络，对于法大校史是一个重要的补充。

条件所限，未能收集更多的珍贵老照片，对历史事件和人物的梳理也难免存在错漏。正如原版序言所说："唯希望本书的出版，可以让法大人在仔细聆听那些人在那些地方讲述那些故事的同时，翻开自己尘封的记忆，回味在法大度过的每一时刻，也为法大的明天共同祈福。"

让我们一起，守望法大的美好，祝福法大的明天！

编　者
2022年4月

目　录

华北人民革命大学刘澜涛校长与离校同志合影 1953年2月13日

1953年2月13日，华北人民革命大学刘澜涛校长与离校同志合影。照片中有我校的离休老同志戚铮、卢一鹏、张守蔺、谷安梁、(后排中)
罗振洲、张佩霖、高潮、雷颖、杨达、杨棻、宁政清、耿□、郭迪、□镜□

↑华北人民革命大学

↑三位院领导在查看试验田
　刘镜西（左一） 郭迪（右一） 鲁直（中）

↑1954届5班三组同学合影（其中9人
　来自北京大学，2人来自燕京大学）

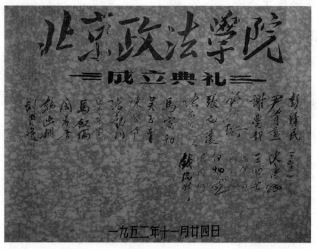

↑1952年11月24日，北京政法学院正式成立时的嘉宾签到簿

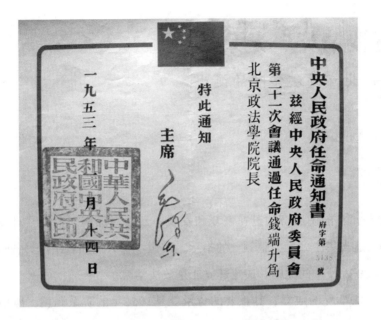

五校精英　光荣传统
——北京政法学院的诞生

中央人民政府任命通知书 府字第5138号

兹經中央人民政府委員會
第二十一次會議通過任命錢端升爲
北京政法學院院長

特此通知

主席 毛泽东

一九五三年一月十四日

↑1953年1月，钱端升先生被任命为北京政法学院首任院长，
　图为由毛泽东主席签署的任命状

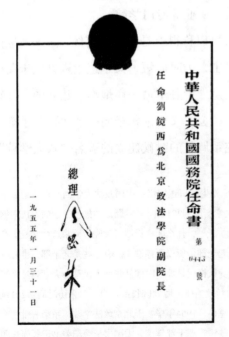

中華人民共和國國務院任命書 第0445號

任命劉鏡西爲北京政法學院副院長

總理 周恩来

一九五五年一月三十一日

任命李进宝为
北京政法学院副
院长

总理 周恩来

1956年11月16日

第5713号

↑1955—1956年，周恩来总理签署的刘镜西副院长、李进宝副院长的任命书

五校精英　光荣传统

——北京政法学院的诞生[1]

　　1952年，在国民经济的迅速恢复和发展中，教育部贯彻中央"对政法财经各院系采取适当集中，大力整顿"的指示，按照"每大区如有条件具备时得单独设立一所政法院校"的原则，决定建立北京政法学院。

　　北京政法学院的成立，其重要的背景就是1952年的院系调整。所谓院系调整，就是对全国的高等院校进行大规模的改造，以便适应新形势的需要。调整后，综合性大学数量明显减少，而工科类院校、单科性学院大量增加，如师范、医药、农林等学院，新设了钢铁、地质、矿业等专门学院。

　　新中国成立伊始，百废待兴，并且可以称得上是"史无前例"——古老的中国刚刚从帝制转向共和，从专制转向民主，为时尚短，又迅速迈进方兴未艾的共产主义大潮之中。唯一可以借鉴的，就是"十月革命一声炮响"建立的"苏维埃社会主义共和国联盟"。于是，新兴的社会主义中国积极向"老大哥"求教，学习苏联模式。今天的学院路，即因为院系调整的时候建立的著名"八大学院"而

---

　　[1] 本文参考了宁致远、何长顺、赵克俭三位先生的口述回忆；中国政法大学档案馆策划、李克非撰稿："档案里的法大记忆"（之六），中国政法大学新闻网2011年5月专题。"掺沙子"的说法根据宁致远先生口述回忆。"那个时候有一种说法叫作'掺沙子'，什么叫'掺沙子'呢？原来这些学校里都是旧社会的知识分子，华北人民革命大学里大部分都是老干部，所以要掺进来。有一些是老干部，也有一些是新中国成立前参加革命甚至是新中国成立前入党的。戴铮就是那个时候从华北人民革命大学调过来当领导的。他是暂时领队过来的，代替了华北人民革命大学政治研究院副院长武振声。"采访时间：2011年5月26日，口述文字材料现存中国政法大学档案馆。赵克俭，1954年毕业于北京政法学院，系第一批法律专业毕业生，曾任中国政法大学党委组织部部长、中央政法管理干部学院党委副书记兼纪委书记；何长顺，中国政法大学原党委副书记；宁致远，中国政法大学教授，原语文教研室主任，曾任《教学简报》编辑。

得名——航空学院、地质学院、钢铁学院等学院的设立，就是学习苏联模式的典型例证。

北京政法学院正是在这样的情况下，从北京大学等综合性大学中将政治、法律等专业剥离出来单独设立的。

在民国时期，北京大学、清华大学、燕京大学和辅仁大学并称为北平四大名校。在1952年的院系调整中，四大名校命运各异。北京大学转向文理基础学科的教学和研究，但大体还算是综合性大学；清华大学文学院、理学院、法学院、农学院、航空学院等院被分割出来，或并入北京大学，或按专业划归各专门学院，成为一所工科大学；而燕京大学和辅仁大学两所教会学校，则在此轮大调整中出局，从此不复存在（辅仁大学后来在我国台湾地区复办）。燕京大学法学院、社会学系并入北京政法学院，工科并入清华大学，文科、理科并入北京大学。辅仁大学并入北京师范大学，少数师生转入北京政法学院。

时间往前追溯几十年，在政权更迭的历史转折点，中国共产党鉴于新中国成立必须要有自己的干部队伍，在当时划分的各大行政区先后成立了华北人民革命大学、西南人民革命大学、华东人民革命大学、西北人民革命大学等几所革命大学。这些革命大学设立的初衷，是"统一对旧公务人员和知识分子进行有计划、有步骤、有方法的改造教育"，是"为了培养国家建设人才，给有志于为人民服务的新旧知识分子以学习和工作的机会……以迅速有效的方法，团结、改造广大知识分子，使之迅速成为国家建设的有用人才"。[1]

这些革命大学的存在都十分短暂，在1952年的院系大调整中，所有的革命大学都合并到当地的各大高校中。作为北京政法学院渊源之一的华北人民革命大学，就是在这个时候被撤销的。其所属的人员，一部分人分到基层，一部分人分到了中央政法干部学校，还有一部分人分到了北京政法学院。如北京政法学院临时党组书记、副院长刘镜西，及张子培、高潮、卢一鹏等教师，即是在华北人民

---

[1] 转引自西南政法大学校史编辑委员会编著的《西南政法大学校史（1950—2010）》（法律出版社2010年版，第7页）中所引用的西南人民革命大学文件。

革命大学撤销以后调到北京政法学院来的。[1]

在院系调整大潮中设立的北京政法学院，在经过几个月的筹备之后，于1952年11月11日，在筹委会第四次会议上，宣告筹备工作完成，学院开学条件基本就绪。

筹备工作完成，开学条件就绪，意味着北京政法学院70年发展的历史走出了第一步。然而，来自5个学校的863名师生员工，由于历史渊源的不同，和身份的差异，从此要在位于东城区沙滩（北京大学旧址）和学院路41号的简陋校舍里开始一段艰难的融合过程。

从四校过来的人员，除学生之外，有教师45人。其中北京大学32人（其中3人未到职）[2]，包括钱端升、张奚若、张志让、费青、芮沐、楼邦彦、龚祥瑞、吴恩裕、吴之椿、黄觉非等教授10人[3]，汪瑄、杨翼骧、阴法鲁、王利器等副教授4人，潘汉典、朱奇武、程筱鹤、金德耀等讲师5人，罗典荣、张国华、余叔通、陈光中、潘华仿等助教11人；燕京大学10人（其中3人未到职）[4]，包括严景耀、雷洁琼、张锡彤、徐敦璋、张雁深等教授5人[5]，夏吉生等教师3人；清

[1] 据宁致远先生口述回忆。

[2] 中国政法大学档案馆策划、李克非撰稿："档案里的法大记忆"（之六），未说明未到职3人的名字和具体原因，参见中国政法大学新闻网2011年5月专题。2002年版校史载为28人，参见中国政法大学校史编写组编著：《中国政法大学校史》，中国政法大学出版社2002年版。

[3] 中国政法大学档案馆策划、李克非撰稿："档案里的法大记忆"（之六），参见中国政法大学新闻网2011年5月专题。2002年版校史中无张奚若、张志让，参见中国政法大学校史编写组编著：《中国政法大学校史》，中国政法大学出版社2002年版。另据《盲人奥里翁：龚祥瑞自传》，在1952年院系调整中，他直接从北京大学调往当时的政务院政法委员会，并未进入北京政法学院。"1952年院系调整，将北京几所综合性大学中的政治法律两系调整出去，成立学科性的政法学院，这是苏联模式在教育口的反映……北京政法学院由钱端升任院长……我没有被调往新成立的这所学院，也就在政法委落户了。"《盲人奥里翁：龚祥瑞自传》，北京大学出版社2011年版，第215页。

[4] 中国政法大学档案馆策划、李克非撰稿："档案里的法大记忆"（之六），未说明未到职3人的名字和具体原因，参见中国政法大学新闻网2011年5月专题。2002年版校史载为8人，参见中国政法大学校史编写组编著：《中国政法大学校史》，中国政法大学出版社2002年版。

[5] 中国政法大学档案馆策划、李克非撰稿："档案里的法大记忆"（之六），参见中国政法大学新闻网2011年5月专题。2002年版校史中无张雁深，有陈芳兰，参见中国政法大学校史编写组编著：《中国政法大学校史》，中国政法大学出版社2002年版。

华大学8人（其中3人未到职）[1]，包括曾炳钧、杜汝楫；辅仁大学3人，为李景汉、戴克光、洪鼎钟三位教授。[2]

↑首任临时党组书记戴铮　　　　　↑钱端升

↑费青　　　　　　　↑徐敦璋　　　　　　　↑于振鹏

　　这一部分人员，用当时的话来说，是"旧知识分子"。而旧知识分子在新中国成立初期属于"问题人员"，是需要在革命大学经过改造的。其中有些被认

　　[1]　中国政法大学档案馆策划、李克非撰稿："档案里的法大记忆"（之六），未说明未到职3人的名字和具体原因，参见中国政法大学新闻网2011年5月专题。2002年版校史载为9人，参见中国政法大学校史编写组编著：《中国政法大学校史》，中国政法大学出版社2002年版。
　　[2]　中国政法大学档案馆策划、李克非撰稿："档案里的法大记忆"（之六），参见中国政法大学新闻网2011年5月专题。

为有政治问题的，甚至被抓了起来。在学院成立初期，这些"旧知识分子"大部分上不了讲台，只能在研究室里"待着"——搞研究、搞翻译，实际上是改造思想，改造好了才能上台讲课。当时被允许讲课的只有四个人：一个是雷洁琼，一个是严景耀，一个是芮沐，还有一个是楼邦彦。[1]

从华北行政委员会和被撤销的华北人民革命大学调来的人员，性质则完全不同：大部分是老干部、老革命，许多都是新中国成立前参加革命甚至新中国成立前就入党的共产党干部。比如戴铮、刘镜西、武振声等人。刘镜西是1930年入党的老党员，在抗日战争时期当过县委书记、县长、专员、菏泽市的市长，1952年调到华北行政委员会，是华北行政委员会政法委员会秘书长，1954年调到北京政法学院担任党组书记。

也就是说，当时北京政法学院的各级领导干部、管理人员主要是从华北行政委员会和华北人民革命大学调来的干部。除院长钱端升、副教务长费青、副教务长雷洁琼之外，四校调来的教职工均没有担任领导职务。在教师队伍中，也有一部分是参加过革命的老同志。这些老同志参加过革命，又有一定的文化程度，然后到中国人民大学进修，回来担任教研室主任。

在这样的情况下，刚刚创立的北京政法学院实际上在管理方面很接近解放区的革命大学——大部分秉承了华北人民革命大学的传统，而与民国时期的大学显现出完全不同的特点：党的干部管理学校，旧知识分子"靠边站"，到研究室改造思想；教授上不了讲台，就请党的理论家、社会名流和司法系统的领导干部开讲座；学生中调干生多，党员多。政治要求严格。

按照那时候的说法，这叫作"掺沙子"。四所高校调来的教师都是旧社会的知识分子，学的也是"旧法"，所以要从华北行政委员会和华北人民革命大学调来一批老革命、老干部，担任学院各级领导，承担教学任务，"掺起来"组成

---

[1] 关于被允许讲课的教授，各方说法不一，此处根据吴昭明先生回忆。吴昭明，原中国政法大学党办主任。据赵克俭先生回忆，当时被允许讲课的只有雷洁琼和严景耀。据宁致远先生回忆，被允许讲课的有雷洁琼、严景耀和楼邦彦。

北京政法学院。这么"掺起来"之后，同样存在一个问题，就是这些"旧知识分子"和解放区来的搞革命出身的老干部，在思想上存在着巨大的差异，在教育方针上必然也存在着一定的分歧。从出身上来说，"旧知识分子"都受过正规的大学教育，有些甚至留学海外，而此时却要被要求"改造思想"。革命干部参加革命的时间早，实际斗争经验丰富，政治上绝对可靠。

　　这种"掺沙子"的做法，在当时的院系调整中非常普遍，实际上是新中国成立后党全面接管高等学校、改造教育系统的一种有效手段。时间过去70年，当年的老教授和老干部大部分已经不在人世。然而，这"掺沙子"的做法却对其后北京政法学院的发展带来了深远的影响。

↑中央政法干部学校西北分校校徽

↑中央政法干部学校校徽

红色血脉　干部摇篮

——中央政法干部学校源流

中央人民政府政務院政治法律委員會

關於籌設中央政法幹部學校方案

（一九五一年七月二十日政務院第九十四次政務會議批准）

一、爲了適應國家建設、加強人民民主政權工作的需要，承應大批調練政法工作幹部。此項調訓事宜，在政務院本年五月二十一日命令批准公布實行的本委關於政法工作的情況和目前任務的報告中，並已明確規定了還是當前的重要工作任務之一。爲著完成這一任務，擬卽按照規定方針，籌設中央政法幹部學校，首先是抽調訓練原（審）行政工作和司法工作幹部，並培養一部分政法教育工作的師資，以便取得教學內容和教學方法的經驗，推動與協助各地對政法幹部訓練工作的開展。

二、中央政法幹部學校，受本委直接領導。推彭眞副主任爲校長，張奚若副主任、謝覺哉部長、史良部長、陶希晉祕書長並兼總敎務長。另設校務委員會，除校長、副校長當然委員外，另請周新民、王章、沈鈞儒、鄧初民、李六如、張曙時、許昭瑢、陳瑾昆等爲委員。校長、副校長、校務委員會各委員均擬請政務院加以任命。校務副祕書長及擬請四人爲副校長，陶希晉兼爲委員。此外，並擬常分期招收一些有一定條件的工農份子加以調訓。舊司法人員和新知識分子加以調訓。大部由政法各部門抽調，並請有關部協助組織一批政法教育工作者參加敎研工作。

三、調訓對象：主要爲縣（市）人民政府之主要幹部，及（縣市）法院、檢察署、監察委員會和公安局等負責人員，共計爲調訓專署以上的政法部門之在職幹部：增業政法教育工作者與宣傳工作者。此外，並通當分期招收一些有一定條件的工農份子加以調訓。

四、調練辦法：

（一）調練時間：六個月至八個月。

（二）教學內容：採取理論與實際相結合及少而精的原則，求得關於我們國家各項基本政策及政法各項工作的業務知識有系統的、明確的認識。因此教學課程順序分爲：階級論、國家論、國家法、行政工作概論、司法工作概論及各項政策法令，同時參照教學順序配合有關黨團與發展人民民主專政的當前政治任務的報告和專題講演。其中有關業務的教學的具體課目，得作爲分科的專修課程。以上各項課程均擬編成教材。在第一期調訓時，採取編、教、學三者結合進行的方法，力求教材逐步充實。

（三）教員：除聘請專人分別擔任各課程主講外，並擬請中央政法業務部門負責人作報告和專題講演。

（四）組織一批大學政法學系教授、講師及有志從事政法宣教工作者參加教學研究或教材編審工作。

↑中央人民政府政务院政治法律委员会"关于筹设中央政法干部学校方案"

红色血脉　干部摇篮

——中央政法干部学校源流[1]

　　1983年，国务院批准了司法部《关于同意中国政法大学成立的正式报告》，中国政法大学正式成立。根据当时的建校方案，中国政法大学实行一校三院制：以原北京政法学院为基础建立本科生院；以原中央政法干部学校为基础建立进修学院；成立研究生院。

　　自此，曾经为新中国培养了大量政法干部的中央政法干部学校并入中国政法大学。但在此后的十余年间，进修学院进行了多次变更，最终于2000年撤销建制，完全并入中国政法大学。

　　时间又过去二十余年，如今，随着原中央政法干部学校、中央政法管理干部学院的干部师生逐渐退休，熟悉这段历史的人越来越少。同时，这段历史也和法大发展史上的两位重要人物——谢觉哉、彭真有着紧密的联系。在迎接中国政法大学建校70周年之际，我们有必要重新梳理一下作为法大重要渊源的中央政法干部学校的历史，传承红色基因、牢记优良传统，发扬法大精神。

　　中央政法干部学校成立于1951年。在1951年7月23日的政务会议上，毛泽东做出了创办"中央政治法律干部学校"（简称中央政法干校）[2]的决议，全国政法教学战线的最高学府诞生了。

---

　　[1] 本文主要参考了孙政华："60年前的中央政法干校"，载《法治周末》2012年6月6日。庞本："中央政法管理干部学院大事记"，载 http://www.zfdxxyh.com/html/xszl/dsj/，最后访问时间：2021年10月28日。中国人民公安大学档案馆提供的书面材料"中央政法干部学校简介"。庞本，中国政法大学管理干部学院原副院长。

　　[2] 当时，中央人民政府政务院政治法律委员会拟定的名称为"中央政法干部学校"。

　　而说到中央政法干校的渊源，又不得不提及新中国的第一所政法大学——原"中国政法大学"。这所"中国政法大学"成立于新中国成立前夕，由著名的私立法科大学朝阳大学改建而来，由"延安五老"之一的谢觉哉兼任校长，毛泽东题写校名。

　　这所"中国政法大学"仅仅存在了半年。1950年2月，原"中国政法大学"二部、三部（主要为青年学生）并入新成立的中国人民大学，在一部（主要为轮训干部）和新法学研究院的基础上调入部分华北人民革命大学的干部，于1951年组建了中央政法干校。

　　作为新中国成立初期设立的一所重要学校，中央政法干校以轮训政法干部为主要任务，在20世纪50年代短短的几年间，为国家培训了数以千计的各级政法干部，为国家政权的稳定和治理做出了重要贡献。

　　中央政法干校的成立得到了毛泽东同志的重视。在新中国成立之初，基层干部尤其是作为基层政法工作骨干的"五长"（包括县市长在内的民政科长、公安局局长、法院院长或者司法科长、检察长），于治国理政和政法工作方面的经验相对较为缺乏。为了新生人民政权的巩固和国家建设事业的顺利开展，集中对"五长"开展轮训显得非常必要。

　　毛泽东向政务院提出了以下建议："轮训县（市）长和地县两级的公安、检察、司法（或法院）、民政等五长以及训练部分政法师资。其目的是，为每个县（市）培养三个到五个明白人。"毛泽东亲自主抓该校的教学工作，"对整个体制、教学班子乃至课程都作了要求"。[1]

　　在中央的高度重视下，中央政法干校诞生了！

　　根据当时的筹建方案，刚成立的中央政法干校是中央一级的政法专业干校，但又具有业务部门党校的性质。学校受中央人民政府政务院政治法律委员会直接领导，领导班子规格很高，是省部级的建制。校址位于今南礼士路西北

---

[1]　据胡建淼教授回忆。孙政华："60年前的中央政法干校"，载《法治周末》2012年6月6日。

角，占地约110亩。[1]

中央委派政务院政治法律委员会副主任彭真同志担任校长，政务院政治法律委员会副主任张奚若、内务部部长谢觉哉、司法部部长史良、政务院政治法律委员会秘书长陶希晋担任副校长，陶希晋兼任教务长。另聘请吴玉章、沈钧儒、谭平山、李六如[2]、罗瑞卿、许德珩、曾昭抡[3]、陈垣、艾思奇等为校务委员会委员。[4]校长、副校长、校务委员会委员均由政务院委任。此外，中央政法干校还聘任了苏联专家苏达里可夫为顾问。

中央政法干校成立后的主要任务是"为了适应国家建设、加强人民民主政权工作的需要，亟应大批训练政法工作干部"；主要工作是"抽调县（市）行政工作和司法工作干部，并培养一部分政法教育工作的师资，以便取得教学内容和教学方法的经验，推动和协助各地对政法干部训练工作的开展"。[5]学制为6个月至8个月。[6]培养目标是："提高学员的思想、政治水平和掌握政策的能力，并培养一批从事政法工作的教育干部"。[7]

成立之初，中央政法干校行政和教学机构设置了校部办公室、组织处、教务处、行政处，设立5个（第二期时增加为7个）教研室，教师76人。学员管理设一部（初期称研究班，培训市处级干部）、二部（即普通班，培训县科级、

---

[1]　即今中国人民公安大学木樨地校区。

[2]　多数文献中校务委员会委员无李六如。此处根据中央人民政府政务院政治法律委员会："关于筹设中央政法干部学校方案"，载《江西政报》1951年第8期。

[3]　多数文献记载为"曾昭伦"，据中央人民政府政务院政治法律委员会："关于筹设中央政法干部学校方案"，应为"曾昭抡"。

[4]　名单记于中央人民政府政务院政治法律委员会："关于筹设中央政法干部学校方案"，载《江西政报》1951年第8期。

[5]　据中央人民政府政务院政治法律委员会："关于筹设中央政法干部学校方案"，载《江西政报》1951年第8期。

[6]　此处为《关于筹设中央政法干部学校方案》记载，实际工作中可能有所变动，据孙政华《60年前的中央政法干校》一文记载，学制为1年，此文载《法治周末》2012年6月6日。

[7]　据中央人民政府政务院政治法律委员会："关于筹设中央政法干部学校方案"，载《江西政报》1951年第8期。

院长级干部）、师资班。二部之下又设民政、司法、检察、军法四系。[1]同时，中央政法干校在东北、西北、中南地区设立分校，由中央政法干校直接领导并承担全部授课任务。人员除从中央人民政府人事部、教育部调任过来的以外，大部分从各政法部门抽调。

1952年1月8日，中央政法干校正式开学。第一期新收学员120名，分设八个教学班：一班是县（市）长班，二班是民政科长班，三班是县公安局长班，四班是军保、军检、军法班，五班是司法科长班，六班是法院院长班，七班是检察长班，八班是师资班。

中央政法干校第一期的教学计划，是由彭真在毛泽东面示下草拟出来的。毛泽东亲自参与当时的教学工作，他不仅讲明形势任务，还讲明完成任务的方法。他叮嘱彭真，要把延安时期的干部轮训的基本经验，在中央政法干校教学中坚持和发扬。中央政法干校第一期的教学实践就是在上述教学原则指导下进行的，"从效果来看是非常成功的"。[2]

当时学校开设六门课，进行单课教学。每个单元聘任一位名家为主讲教员，实行"四包"（教材、教学安排、讲课、辅导），采取"一竿子插到底"的方针。

1952年1月初，应调来的学员报到和注册完毕时，彭真首次同学员见面并介绍了《第一期的教学计划》。即第一单元（6周半）《实践论》，由杨献珍主讲四次；第二单元（6周半）《矛盾论》，由艾思奇主讲五次；第三单元（4周）党的建设，由龚子荣主讲一次；第四单元（10周）国家与法理论，由苏达里可夫主讲八次；第五单元（8周）《共同纲领》，由谢觉哉主讲六次；第六单元（4周）各专业教学，由中央各部院负责人主讲。最后用4周时间，进行期终总结和鉴定。[3]

---

[1] 庞本："中央政法管理干部学院大事记"，载 http://www.zfdxxyh.com/html/xszl/dsj/，最后访问时间：2021年10月28日。

[2] 据潘汉典教授回忆。孙政华："60年前的中央政法干校"，载《法治周末》2012年6月6日。

[3] 孙政华："60年前的中央政法干校"，载《法治周末》2012年6月6日。

对课程的设置，彭真说："一年开六门课，是毛主席亲自规定的。学习一、二、三单元课程，主要是明确世界观、人生观、价值观，也是为解决立场、观点、方法；学习四、五、六单元，为明确什么是国家和法律，怎样管理国家和执行法律。你们按计划学好了，就能达到做个明白人的教学目的了。"[1]

第一期学员中有很多是来自全国各地的县市长、法官、检察官。当时的县市长有很多同时主管政法工作，他们被分入"县（市）长班"。学员一起同吃同住同学习，一起上课、讨论问题、打成一片，一起生活有近两年的时间。学习结束之后，他们很多人都回到了原来的工作岗位。[2]而像潘汉典等一些新中国成立前接受过高等法学教育和法律训练的"旧法人员"，则在学习结束后回到高等院校任教，作为政法教育的重要师资力量，为新中国的法学教育做出贡献。

1952年至1958年的短短数年间，中央政法干校共举办普通班5期，研究班2期，师资班、司法教员班等短训班若干期，共培训学员7000余人。[3]其中省、部级政法领导干部150多名。同时，还调拨了毕业学员300余名作为骨干力量，充实到中央政法领导机关的局、处两级机构中工作。

在完成各种训练任务的同时，学校还创造性地编写和出版了在新中国尚无先例的刑法、刑事诉讼法以及民法原理和民事诉讼法的教材，编写了马列主义哲学、政治经济学、国家与法理论、宪法学等各种通俗讲义，供全国的兄弟院校试用，并给兄弟院校直接输送200多名办校骨干。这段时期的中央政法干校所发挥的能量很大，在全国政法教学战线上，承担了"工作母机"的职能。

第一期学员毕业的时候，毛泽东、刘少奇等国家领导人，及公安部部长罗瑞卿、司法部部长史良、最高人民法院院长沈钧儒都参加了毕业典礼，并且合

---

[1] 孙政华："60年前的中央政法干校"，载《法治周末》2012年6月6日。

[2] 据潘汉典教授回忆。孙政华："60年前的中央政法干校"，载《法治周末》2012年6月6日。

[3] 此处说法不一，因统计口径可能存在不一致，本文采取较为模糊的说法。

影留念，背景是中南海。这在当时乃至之后都是非常少见的。

　　作为当时中央对全国政法干部进行集中培训的唯一机构，中央政法干校举办的干部轮训是新中国成立初期全国最大规模、最重要、最集中的政法干部培训活动。这一大规模培训为全国各地的基层政权输送了大量懂政策、懂新法的政法骨干人才，为新中国的政法工作奠定了良好的基础。同时，通过师资班、司法教员班等短训班，抽调北京政法学院等全国法学院校的骨干教师、进步教授进行培训，为我国法学教育培养了宝贵的师资力量。

↑中央政法干部学校1957年结业学员合影纪念

　　但从1957年下半年起，受"左"的思想影响，中央政法干校也掀起"反右"斗争，削弱了教学力量。随后到来的大跃进、人民公社化运动，以及三年自然灾害，更是严重影响了学校的正常办学。

　　1959年3月，经中央批准，中央政法干校和中央人民公安学院合并，两校合并后沿用"中央政法干部学校"的名称，[1]主要担负培训全国（县以上）公安局局长、检察院检察长、法院院长的任务。1961年，因国家经济遭遇困难，

　　[1]　1954年秋，政治法律委员会被撤销，学校由高教部接管；1956年4月5日至1958年学校由司法部直接领导；1959年司法部被撤销，学校转隶公安部。

除西藏班、外文班外，学校停办，至1963年7月恢复办学。在严重的困难下，中央政法干校在1959年至1966年间仍然开展了普通干训班9期、师资培训班等若干期，共计为全国各级政法机关培训干部12 700人。[1]

1966年，学校停止招生。此后，和全国大多数高校一样，中央政法干校进入了漫长的沉寂期，学校停办，干部职工分散各处。直至1975年，经华国锋同志亲笔批示，中央政法干校首先恢复开办西藏班，招收第五期青年班学员。1978年，中央政法干校恢复普通班招生。1979年，国务院重建司法部，中央政法干校转归司法部领导。

1980年1月，经公安部与司法部商定，中央人民公安学院和中央政法干校分别恢复办学，原两校合用的木樨地校址归中央人民公安学院使用，中央政法干校另选校址重建。

也正是在此时，未来被誉为"法学教育最高学府"的中国政法大学正在改革开放的春风中孕育、萌芽，并即将迎来灿烂的新生。

1980年，时任全国人大常委会副委员长、中央政法委书记的彭真提议创办中国政法大学，并得到了胡乔木的支持。自此，司法部积极进行筹备，准备成立中国政法大学。

在中国政法大学筹备期间，中央政法干校的政法干部培训工作并没有停止。[2]根据彭真同志指示，中央政法干校于1983年3月举办了省干班，最高人民法院、最高人民检察院、司法部、民政部干部轮训班，军队检察院、法院培训班等多种培训班。

---

[1] 庞本："中央政法管理干部学院大事记"，载 http://www.zfdxxyh.com/html/xszl/dsj/，最后访问时间：2021年10月28日。

[2] 根据中国人民公安大学档案馆提供的书面材料"中央政法干部学校简介"，1982年1月14日中央人民公安学院恢复建制、独立办学后至1985年1月，两校陆续举办第21期至第24期普通干训班，除训练全国公安系统县（分局）公安局局长及各专业科长、处长等领导干部外，在中央政法干校（新校址）建成前，继续训练检察院、法院、司法局干部，直至1985年1月代训结束。据该材料统计，1982年至1985年共培训学员4500余人。

1983年4月，中华人民共和国国务院批转了司法部、教育部《关于同意"中国政法大学"成立的正式报告》。北京政法学院与中央政法干校合并组建中国政法大学。

根据当时的建校方案，中国政法大学实行一校三院制：以原北京政法学院为基础建立本科生院，规模5400人，学制4年，当时有1600多人；以原中央政法干校为基础建立进修学院，规模为1200人，培训对象为政法各部门处级以上的干部；成立研究生院，主要是培养政法教育的师资，当年教育部批准招收100人。

↑1983年5月7日，中国政法大学进修学院第一期开学
大会入场券

1983年9月7日，中国政法大学1983级本科生开学典礼暨研究生院、进修生院（进修学院）成立大会在北京展览馆影剧场举行。中央政法干校正式成为中国政法大学进修学院。

然而为时不久，1984年12月27日，司法部下发《关于成立中央政法管理干部学院的通知》，在中国政法大学进修学院（原中央政法干校）的基础上成立中央政法管理干部学院。1985年10月8日，中央政法管理干部学院成立大会举行。中国政法大学进修学院改为中央政法管理干部学院，继续为全国政法系统培训干部、为政法干部院校培养师资。

1988年，中央政法管理干部学院迁入昌平新校区。根据司法部规定，中国政法大学与中央政法管理干部学院在新校区按6：4比例分配使用校园设施。教学楼第二层、阶二、图书馆第四层、办公楼四层和五层、学生宿舍楼三号楼和七号楼、一食堂等房产和设施归中央政法管理干部学院使用。

1997年6月26日，司法部党组下发司发党字（1997）7号《关于中国政法大学、中央政法管理干部学院、中国高级律师高级公证员培训中心合并的决定》，对三单位实行一个党委统一行政领导。中央政法管理干部学院对内称中国政法大学管理干部学院，对外仍称中央政法管理干部学院。

世纪之交，我国高等教育体制进行第三次重大调整。1999年12月22日，国务院下发《关于进一步调整国务院部门（单位）所属学校管理体制和布局结构的决定》[1]。根据教育部等部委的实施意见，中国政法大学整建制划归教育部管理。同时，中央政法管理干部学院撤销建制，并入中国政法大学。

2001年，原中央政法管理干部学院通过学校向教育部成功申办了侦查学、社会学两个新的非法学专业，成立了社会工程学院。2002年，在全校学科专业调整中，学院所属的侦查学、社会学专业与犯罪学、刑法学、刑事诉讼法学等学科合并，组成新的学院，成立全校四大法学院之一的刑事司法学院。原有教师按"人随课走、课随专业走"的原则分流到其他学院。

至此，原中央政法管理干部学院完全融入中国政法大学，并在全新的管理体制和办学使命下获得了新生。

自1951年成立以来，数十年间，中央政法干校可谓命途多舛，历经坎坷。从最初专门培训新中国政法干部的中央级党校性质的学校，到最终融入法学高等教育的大潮，中央政法干校培养了大量的政法专门人才，为国家建设和国家治理做出了重要的贡献。

据统计，从1951年至2002年，50年间中央政法干校共为国家培养培训干部

---

[1] 国发【1999】26号文。据中国政法大学档案馆资料。

人才46 222人。[1]在这数万名学员中，包含了新中国成立以来各省、自治区、直辖市及所属市、县以上在职法院院长、检察长（含军检、军法）、公安局局长、民政局局长，来自各级政府、人大、国务院各部委及所属部门厂矿、公司的领导干部以及律师、公证人员、政法院校师资、新法短期培训人员（不含助学生）等大量领导干部——他们，是国家治理的重要骨干力量。

中央政法干校以其坚韧不拔的品格、百折不挠的精神和辉煌的办学成果，为后人留下一段关于政法教育和法治建设的光辉历史。同时，作为中国政法大学的重要渊源，中央政法干校代代传承的红色基因，为党育人、为国育才的崇高使命和艰苦奋斗的优良传统，也为中国政法大学留下了宝贵的红色血脉和精神财富。

---

[1] 庞本："中央政法管理干部学院大事记"，载 http://www.zfdxxyh.com/html/xszl/dsj/，最后访问时间：2021年10月28日。

↑1952年，毛主席为北京政法学院题写的校名

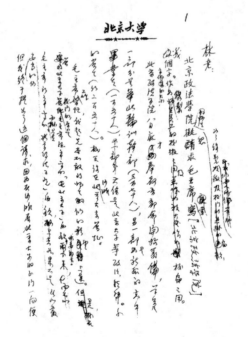

↑1952年，钱端升请求毛主席题写校名，给林伯渠的信函

从沙滩红楼到小月河边

↑钱端升院长在1953年沙滩校区召开四校
（政法、北医、地质、速中）运动会
开幕式上致词

↑北京大学红楼
1952年北京政法学院成立时的校址

↑北京政法学院第一届毕业典礼

↑1952年，北京政法学院师生在红楼前集合
参加国庆游行

↑1953年7月，北京政法学院第一届
毕业生合影

从沙滩红楼到小月河边[1]

坐落于东城区沙滩的北京大学旧址，如今所留存下来的，大约也只有红楼了。这座建于1916年、外墙为红色的四层大楼，因其在近现代史上的重要地位而为世人所知。

这里是新文化运动的策源地。作为老北京大学的校舍，学校的行政机构都设在红楼里，新文化运动的主要领军人物陈独秀、李大钊、胡适等都曾在这里办公，许多学生团体和进步报刊都在这里活动。

这里也是五四运动的发源地。1919年5月4日，为了阻止北洋政府在《巴黎和约》上签字，北京学界举行游行示威活动，北京大学学生傅斯年任总指挥。浩浩荡荡的游行队伍从红楼北边的广场出发，冲向天安门广场，在中国现代史上写下了浓墨重彩的一笔。

在以后的年代里，沙滩红楼周围的这一片区域逐渐扩展成为北京大学第二个校址的沙滩校区。沙滩的老建筑，除了被列为第一批全国重点文物保护单位的红楼，其余的大都改头换面，不知所在了。因此，今天我们说北京大学旧址，也只有从这幢红色的四层老建筑来想象当年的光荣与辉煌了。

如今的红楼依然矗立在五四大街（原为沙滩大街）29号，以沧桑的姿态面对今天的车水马龙。来自各地的游客也会特意追寻到这里，瞻仰曾经作为新文化运动和五四运动发源地的这座古老建筑。1952年，燕京大学撤销，北京大学

---

[1] 本文参考了宁致远先生的口述回忆，采访时间：2011年5月26日；中国政法大学档案馆策划、李克非撰稿："档案里的法大记忆"（之四），参见中国政法大学新闻网2011年5月专题；中国政法大学校史编写组编著：《中国政法大学校史》，中国政法大学出版社2002年版。

也从位于景山公园附近的这些老校址搬迁到燕园。2002年，红楼被辟为新文化运动纪念馆。

然而，来来往往的游客对于红楼和北京大学沙滩校址，大都是从北京大学的历史和五四运动的角度来解读。说到它和北京政法学院的渊源，也许就茫然不知了。

北京政法学院的成立，原是和北京大学有着很大的关系。1952年，在全国高校院系调整中，综合性大学大量减少，而单科性的专门学院数量剧增。按钢铁、农林、医药、航空、法律等专业设立的学院，大都和原来的综合性大学密切相关。北京政法学院和北京大学即是如此。当时的北京大学尽管还算得上是一所综合性大学，但工科基本被剥离出来，法律系也被取消，并入新成立的北京政法学院。其所属人员连同法学院院长钱端升（北京大学法学院包括法律学系、政治学系、经济学系，政治学系在1952年之后被取消，经济学系则并入中央财经学院），也跟随北京大学法律系落户在这个单科性的"学院"。

调整到北京政法学院的四所高校的人员中，来自北京大学的人员是最多的。翻阅一下档案资料我们就知道，学院成立时全校共有师生员工863人，其中原四校学生287人，北京大学占了190人；教师45人，来自北京大学的有32人。职工之中，由北京大学调来的职员有46人，工勤人员82人。由此可以看出，刚成立的北京政法学院一大半人是原来的北京大学人。

此外，在1952年底学院正式成立的时候，并没有一个完整的可称为"北京政法学院"的校舍。尽管在学院成立典礼举行的当日，即挂起了由毛泽东题写的"北京政法学院"的牌匾。1952年9月16日，教育部向政务院文化教育委员会提交报告，建议暂将院址定于原北京大学旧址——沙滩，并预备第二年在北京西郊新建校舍。同年9月27日，政务院文化教育委员会就此报请政务院并得到批准。

当时，北京政法学院与北京大学、中央财经学院三校共用沙滩校区。[1]学院设有行政部门负责协商北京大学原有财产的分配，同时进行宿舍、教室、家具、文具等方面的规划。根据协商，归属北京政法学院专用的，是沙滩校区西校门起往东，经过电钟一直到东墙，广场内电钟以北的狭小区域，以及灰楼、活动楼、新灰楼、北楼。其他如广场、浴室、校医室、合作社、体育部等均为三校合用。

学院对接收的教员宿舍、学生宿舍进行了粉刷修缮，为灰楼安装了锅炉等生活设施，分配了教室和桌椅，在"教学设备不全，物资匮乏，尤其是师资短缺"[2]的艰苦条件下，北京政法学院的首批学员于1952年11月13日正式上课了。

时至今日，我们已无从得知当年这块写着"北京政法学院"六个大字的牌匾安置于何处，而初创时期的师生员工们又是如何在这一片狭小而简陋的地方开启学院的创业史。我们所能知道的是，北京政法学院正是在这里，开始了七十年艰辛而坎坷的发展历程——正如中国的法治建设一样，起起伏伏，但锲而不舍。

然而，像这样共同使用一个校区终究不是长久之计，除管理上的不便之外，归属感的缺乏则使学院和全院师生之间缺少了紧密联系的外在条件。俗话说，不是一家人不进一家门，校舍的建设便成了建院初期的紧要任务。

1953年2月，学院第五次院务会议讨论了有关新校址的选择与建设问题。根据中央安排，新校址选择在北京西北郊土城，即后来的海淀区学院路41号，现在的海淀区西土城路25号。1953年7月1日，新校舍开展兴建。1953年12月，新校舍初步建成，师生陆续迁入。1953年10月，学院招收的第一批两年制专修

---

[1] 中国政法大学档案馆策划、李克非撰稿："档案里的法大记忆"（之四），参见中国政法大学新闻网2011年5月专题。但据苏炳坤、吴昭明等人回忆，中央财经学院当时不在沙滩校区。苏炳坤，中央政法管理干部学院原党委副书记兼纪委书记。

[2] 中国政法大学档案馆策划、李克非撰稿："档案里的法大记忆"（之四），参见中国政法大学新闻网2011年5月专题。

科学生289人是第一批搬到这个刚建好的"学院路41号"的。1954年1月26日，新校舍全部竣工；1954年2月12日，北京政法学院全部搬迁完成。

学院路校区建成的时候，这个被称为"北京政法学院"的新学校也仅有一号楼、二号楼、三号楼，一个食堂，一个礼堂和一个联合楼。附近就是著名的"燕京八景"之一的"蓟门烟树"。元大都遗址土城也在这里，但只剩下一些难以辨认的土堆，如今在土堆较为明显的地方放置了一块"元大都遗址公园"的石刻。在当时的北京，这里已经算是郊区了，农民的庄稼地和地里的粮食都近在眼前。尽管挂上了宣示学院所在的"北京政法学院"牌匾，周围的大片荒地和坟丘还是会让新来者心头一凉。

全院863名师生员工就在蓟门烟树、土城和庄稼地的包围中，迈出了开拓法学研究和法学教育的坚实脚步，也开始了推进新中国民主法治的征程。

↑各教研室研究教改

研究室内外的
"旧知识分子"

↑汪瑄   ↑黄觉非

↑1963年4月，北京政法学院国家法教研室

研究室内外的"旧知识分子" [1]

　　1952年，在全国院系调整中，北京政法学院正式成立。根据上级指示及北京政法学院筹备委员会决定，学院由原北京大学法律系、政治系，原清华大学政治系，原燕京大学政治系大部分师生，原辅仁大学社会学系社会民政专业少数师生及原北京大学的一部分行政人员组成，并由华北行政委员会（主要是从华北人民革命大学）调来一批老干部担任各级领导干部。

　　从北京大学、清华大学、燕京大学、辅仁大学过来的人员，除学生之外，有教师45人。这些教师中的许多人，都曾经是民国时代知名的法学家、政治学家和社会学家，可谓汇集了当时三个学科的顶尖人才。然而，其中的多数人，在中华人民共和国成立以前都未曾参加过革命，也不是中国共产党党员，是属于"旧知识分子"（青年教师中如余叔通、欧阳本先等，原是北京大学地下党的成员）。所谓"旧知识分子"，是可以团结的对象，但是需要经过"思想改造"——1949年前后建立的多所革命大学就是用来改造旧知识分子的。

　　这批民国时代过来的知识分子，在新成立的北京政法学院担任职务的并不多。除钱端升、雷洁琼、费青和严景耀之外，其他人均未担任重要职务。而钱端升、雷洁琼、严景耀都是著名的民主人士，钱端升是中国民主同盟（民盟）中央常委，雷洁琼和严景耀均为民主促进会（民进）的创建者和主要领导人。钱端升、费青、严景耀则是北京政法学院筹备委员会的成员，参与了北京政法学院的创立工作。

---

[1] 本文参考了赵克俭、何长顺、宁致远三位先生的口述回忆，及王仲元："从《教学简报》到《政法论坛》"，载《中国政法大学校报》总第701期（2011年3月1日）、总第702期（2011年3月8日），第4版。

其中，声名卓著的钱端升先生担任院长，雷洁琼和费青担任副教务长，严景耀则是国家法教研室主任，兼任院务委员会委员。从华北人民革命大学调来的一批革命干部担任了学院各级领导职务，实际上对学院进行管理的即是这些老干部了。

除了不担任行政职务，这些教师甚至连讲台也上不了。他们当中的大部分人被禁止讲课——其原因之一，是他们学的都是"旧法"，而新中国基本没有什么法律，更谈不上法学。刚刚建立的新中国既否定了国民党时代的"六法全书"，又摒弃了"资产阶级法统"，不能学习西方的法律，在政权刚刚稳定下来的时候，立法方面也几乎全是空白。剩下来的，就只有"全面学习苏联的先进经验"了。

建校初期，北京政法学院也以培养新中国建设急需的政法人才为主要任务，"根据新中国法制建设的迫切要求和政法战线的需要，以培养司法行政干部，提高在职政法干部的业务水平为教学目标"。[1]学生主要分为三个部分，一部分是北京大学、清华大学、燕京大学、辅仁大学这四所大学政治系和法律系原一年级、二年级的本科生；一部分是北京大学等校当年新招来的学生，转入北京政法学院作为两年制专修科的学生；还有一部分是轮训的华北地区的一年在职政法干部。[2]

学生以短期培训的调干生为主，教学则主要是学习苏联模式。没有师资，就聘请苏联专家；没有教材，就翻译苏联教材。以至于当时出现了这样的情况：在专业课里居然有一个《集体农庄法》——中国并没有集体农庄，只有合作社，集体农庄是苏联的独特发明。总的来说，这时候的教学内容以政治理论和国家政策为主，比如《毛泽东选集》、中共党史、共同纲领、过渡时期总路线等，法律方面的课非常少。而因为缺乏师资，经常会请中国人民大学、中央党校等其他学校的老师来讲课，党的理论家如艾思奇、杨献珍，和某些方面的专家如胡绳、邓拓，以及党政部门的高级领导干部如谢觉哉、史良，他们都到

---

[1] 中国政法大学校史编写组编著：《中国政法大学校史》，中国政法大学出版社2002年版，第2页。

[2] 据赵克俭先生口述回忆，采访时间：2011年5月17日。赵克俭先生口述回忆中关于专修科学生的说法为"一部分是政法学院刚成立的时候新招来的两年制专修科的学生"，此处据苏炳坤先生口述回忆做了修正。

北京政法学院讲过大课做过讲座。

当时从四校过来的45名教师中，被允许上台讲课的只有4个人：雷洁琼、严景耀、芮沐和楼邦彦。[1]雷洁琼讲授婚姻法，严景耀讲授国家与法的理论，芮沐讲授经济建设，楼邦彦讲授国家法（即宪法，中华人民共和国第一部宪法于1954年制定，在此之前称为国家法）。

那么，当时从四校调过来的其他教师都在干什么呢？学院把这些被认为是"旧知识分子"的法学教授组织起来，在研究组里搞搞研究，翻译外国法律，实际上是进行思想改造，待思想改造完成了才能上讲台授课。至于政治学和社会学，在1952年的院系改革中早已不复存在，很多在该学科卓有成就的学者也从此改变了他们的研究方向，有的甚至结束了学术生涯。

1954年，北京大学法律系重建，许多原北京大学调来的教授都回到了北京大学。如宪法学者楼邦彦，以及经济法和国际经济法的学科奠基人芮沐教授。

芮沐教授的经历比较传奇。1939年，芮沐从法兰克福大学获得博士学位后回到中国，先后任教于重庆中央大学、西南联大，1945年以访问学者身份前往美国哥伦比亚大学。1947年，在美国过着殷实生活的芮沐，对新中国的诞生充满期待，热血沸腾的他决定立即回国，迎接新中国。在北京政法学院，芮沐先生担任过政治经济学教研室主任。在1949年风云际会之时，大部分知识分子渴望为新生的中华人民共和国奉献自己的力量，然而，像钱端升、芮沐这样当时身处国外而毅然回国的，为数并不多。

而新中国成立后，以"曹雪芹研究专家"著称的吴恩裕教授，实际上原来是北京大学政治系教授，毕业于伦敦政治经济学院，曾师从著名政治学家哈罗德·拉斯基。院系调整后政治学被取消，他开始致力于《红楼梦》作者曹雪芹的生平家世研究，先后出版有《关于曹雪芹八种》（后增订为《有关曹雪芹的十种》，最后增补为《曹雪芹丛考》）、《曹雪芹佚著浅探》。

---

[1] 据赵克俭先生回忆，只有雷洁琼和严景耀。据宁致远先生回忆，则有雷洁琼、严景耀和楼邦彦。据吴昭明先生回忆，有雷洁琼、严景耀、楼邦彦和芮沐。

著名的国学家、古典文献专家王利器也于1954年调往人民文学出版社文学古籍刊行社。阴法鲁后来亦调往北京大学中文系。政治学教授吴之椿于1958年退休。费青教授则于1957年反"右"开始的时候便离开了人世。

燕京大学调过来的教授雷洁琼、严景耀都是社会学专业出身，1952年之后分别讲授婚姻法和法理学。张锡彤则是燕京大学唯一没有出过国的教授，会四国外语，1954年到编译室编辑《教学简报》，一年以后调往中央民族学院历史系。[1]

1957年，反"右"及其扩大化掀起了新一轮政治运动的狂潮。在此轮运动中，这些"旧知识分子"由于他们在新中国成立前的教育背景和工作经历，许多人被戴上了"右派"的帽子，人生轨迹从此改变，上台讲课都变得不易。

时间转到1965年，北京政法学院党委专门讨论了学院党外教授的安排问题。而这些"党外教授"，大都是建校时从四校调来的教授。

这时候学院共有党外教授9人：雷洁琼（民进中央常委，任副教务长）、严景耀（民进中央常委，国家法教研室主任）、曾炳钧（无党派，国家与法的历史教研室主任）、[2]钱端升（原院长，"摘帽右派"，民盟中央委员）、[3]戴克光（民进）、吴恩裕（无党派）、汪瑄（无党派）、黄觉非（九三学社）、朱奇武（被划为"右派"）。[4]这些党外教授既不能参加学院的领导工作，也没有让他们开设课程。经上级党组织批准，学院成立了研究室，由雷洁琼任研究室主任，专门编译有关资产阶级政治、法律方面的资料。研究室作为学院的一个学术性机构在名义上归法学研究所领导，由北京政法学院代管。

其时，政治运动如狂潮般席卷整个中国，任何个体都无法抗拒这股变幻莫测的潮流，更何况是旧社会过来的"旧知识分子"！

---

[1] 王仲元："从《教学简报》到《政法论坛》"，载《中国政法大学校报》第701期（2011年3月1日）、第702期（2011年3月8日），第4版。

[2] 曾炳钧教授晚年加入中国共产党。

[3] 钱端升教授晚年加入中国共产党。

[4] 据曹子丹教授回忆，朱奇武当时职称为讲师。曹子丹（1929—2019），我国刑法学奠基人、中国政法大学刑法学科开创者，中国政法大学教授、原法律系首任主任。

↑第一次党代会

五十年代政法学院党委机关部分同志在联合楼前合影（前排左二）照片中还有王润、程味秋、张重粼、王继勋、严振生、杨彦林、赵青贤、靠玉清、季长荣

↑北京政法学院党委工作人员

第一次党代会和党委的领导

↑院党委研究教学整改情况

↑院党委副书记李进宝（右一）与教师研究教改

第一次党代会和党委的领导[1]

在北京政法学院成立的时候，"根据新中国法制建设的迫切要求和政法战线的需要，国家暂定北京政法学院为干部学校，以培养司法行政干部，提高在职政法干部的业务水平为教学目标"。[2]干部的培养，是当时高等教育的主要目标，这个我们从1949年以前革命根据地的大学就可以看得出来。瑞金的苏维埃大学，陕西的延安大学，都是为革命培养干部的。

新中国成立以后，由于新中国建设的需要，全国急需大量的干部，尤其是各行业各领域的专业干部。为了改造旧社会留下来的"旧知识分子"、国民党政府公务人员，以及培养自己的干部队伍，全国各大区纷纷设立了人民革命大学。

这些大学，和民国时期的大学，性质完全不同，管理方式迥异，在精神气质上更是截然相反。1949年以后，尤其是1952年以后的高等院校院系调整，主要是以苏联高等教育为学习对象，对旧中国的大学按照解放区大学的传统来进行改造。从此之后，中国高等教育进入了全新的发展阶段。

在民国时期，国立大学主要由校务委员会进行管理，其隶属关系，亦属教育部这一行政系统。其时倡导"教授治校"，教授们却并不十分热衷于担任行政职务，更多的是埋头于研究和教学，著书立说开坛授徒。在新的时代里，这些"旧知识分子"饱含着对新中国的期待，满腔热情地投入国家的建设。然而，他们无法窥知历史的变幻难测，也无法想到思想改造整风反"右"这类事

---

[1] 本文参考了钱大都口述、陈远整理的《我的父亲钱端升》，及宁致远先生口述回忆。

[2] 中国政法大学校史编写组编著：《中国政法大学校史》，中国政法大学出版社2002年版。

情——这时候的大学已不再只是著书立说开坛授徒的象牙塔了。

从华北行政委员会和华北人民革命大学调来的一批革命干部，大都是经历革命洗礼的老党员，担任了学院各级领导干部，"旧知识分子"中只有钱端升、雷洁琼、费青担任学院的行政职务。而行政系统之外的党组织，从1955年之后，对于北京政法学院的发展历程，则起到至关重要的作用。

1955年3月31日至4月21日，中国共产党北京政法学院第一次代表大会举行。本次会议总结了党委两年来的工作，通过了《关于保证完成教学工作的决议》，决议认为在当前形势下动员党员保证完成教学任务，提高教学质量是党的工作的中心内容。作为第一次党代会，会议的内容和决议并不如想象中那么重大，也未对学校未来发展做出长期或短期规划。然而，第一次党代会标志着党组织对学院领导的加强，此后也将继续加强，学院的发展和党组织的领导密切相关。

早在1952年8月，北京政法学院还处于筹备之中，为了加强党对学院的领导，经请示上级党组织，建立了北京政法学院临时党组，作为学院筹备时期党的临时领导机关。临时党组的成员一共三人：戴铮、刘昂、欧阳本先，党组书记由戴铮担任。[1]同时，还成立了临时党支部。当年的12月25日，中国共产党北京政法学院总支委员会成立，由王润同志担任书记，张子培、郭迪[2]担任副书记，委员有：解润滋、欧阳本先、涂继武。当时，学院共有党员332人，其中教职工党员47人，学生党员285人，设立了4个党支部。

1953年4月5日，经北京市委正式批准，成立了北京政法学院党委，书记王润，副书记张子培、张亚民，委员有亚伯、张文林、郭迪、欧阳本先、武振声。1954年1月、2月、9月，党委又进行了三次调整，书记为王润，副书记郭迪，委员有欧阳本先、武振声、张文林、李耀西、王绪之、张召南、崔衍勋、赵吉贤、高柳城，其中王润、郭迪、李耀西、王绪之、赵吉贤为常委。

---

[1] 1953年1月，临时党组书记戴铮调走，由武振声任书记，刘昂任副书记。

[2] 据中国政法大学档案馆编写的《中国政法大学组织史》记载，副书记为张子培、戴铮。

1956年5月24日至6月8日，中共北京政法学院第二次党代会举行。

1957年1月，中共北京市委正式批准北京政法学院实行党委领导制，即实行党组织对学院各项工作的全面领导，党组即行撤销。从1957年3月起，党委书记一直由刘镜西担任，一直到1979年其被调到北京市高等教育局任党组书记兼局长。院党委成立之后，对党委领导的内容、方式、方法及其与院长等行政领导的关系进行了研究，强调了党委对各项工作的领导权。

实际上，"党委的全面领导"是对原来"学院行政提出计划，党委保障实施"的领导方式的重大改变。这时候学院的各级领导中，除了钱端升、雷洁琼和费青，几乎全都是党内干部。民国时期就在大学里长期执教并担任法学院院长的钱端升，对于这样的领导方式并不习惯。因此，在院长和党委之间，常常出现分歧。如院长钱端升和时任临时党组书记、副院长的武振声之间，就经常出现意见分歧。[1]

1957年，正是整个国家处于风口浪尖的时候。1957年4月，中共中央发布了在全党范围内进行整风的指示，鼓励民主党派和党外人士对党的工作提出意见。时任院长的钱端升对此并不积极，也无法理解，但还是响应中央号召，"带头召集教授们召开座谈会，鼓励教授们提出他们的意见"。[2]这一被迫无奈的行为后来成了钱端升"带头煽风点火，进行反党"的证据。[3]

随后，全院反"右"斗争全面展开。在斗争中，钱端升关于民主办校、民主监督及政法教育的一些理论被批判为"企图恢复大法学院的计划和篡夺政法教育领导权的阴谋"，在全院师生大会上受到批判。随后，钱端升、杜汝楫、江平、严端、朱奇武等人被戴上了"右派"的帽子，从此他们的人生轨迹被改变。

---

[1] 据宁致远先生口述回忆。采访时间：2011年5月26日。

[2] 参见钱端升1957年5月29日在北京政法学院教授座谈会上的发言《批评三害》，该发言后来被收录于北京政法学院《整风简讯》第9期，参见中国政治法律学会资料室编的《政法界右派分子谬论汇集》（内部读物）。该文着重谈了宗派主义对学院工作的影响，及建院五年来学院工作中存在的问题。

[3] 钱大都口述、陈远整理："我的父亲钱端升"，载刘瑞琳主编：《温故之六》，广西师范大学出版社2005年版，第147页。

↑杜汝楫

经过反"右"斗争，北京政法学院的民主党派和无党派人士基本被打倒。当时一般认为，"经过反'右'斗争，院党委的领导进一步加强，在教工中建立了若干党总支、党支部，基层党组织的作用也得到了进一步发挥"。

1959年6月18日，根据上级指导，学院开始实行党委领导下、以院长为首的院务委员会负责制。而此时的北京政法学院，已经没有了院长，国务院也一直没有任命新的北京政法学院院长，学院长期由院党委书记兼副院长刘镜西主持工作。

↑1954年10月，雷洁琼代表学校参加国际法律协会会议

↑晚年雷洁琼参加社会活动

雷洁琼的政法情怀[1]

北京政法学院成立的时候，从四校（北京大学、清华大学、燕京大学、辅仁大学）调来的教师中，雷洁琼算是比较幸运的了。

这批从旧社会大学来的"旧知识分子"来到北京政法学院之后，基本无法从事教学和研究，只能在研究组"蹲着"，改造思想。从政治上来说，这些人大都是民主党派或无党派人士；从学术上来说，政治学和社会学在1952年院系调整之后已被取消，法学则因为他们学的是"旧法"，而新中国的立法工作尚待开展，多数教师无法站在讲台上授课。而雷洁琼却能够给学生们讲课，这项教师的基本职责和权利，在当时的北京政法学院只有四位老教授享有：雷洁琼、严景耀、楼邦彦和芮沐。[2]

1952年，在全国高等院校院系调整中，燕京大学被撤销，分别并入北京大学、清华大学和北京政法学院。来自燕京大学的雷洁琼和严景耀、张锡彤等五位教授被分配到北京政法学院。在雷洁琼辉煌的一生中，新中国成立前她和学生一起上街游行、投身抗日救亡运动、创建民主促进会等事迹广为人知，1973年之后依然活跃于国家政治生活中，直至去世。

雷洁琼（1905—2011），广东台山人，著名的社会学家、法学家、教育家，杰出的社会活动家，中国民主促进会的创始人之一和卓越领导人，中国共产党的亲密朋友，中国人民政治协商会议第六届全国委员会副主席，第七届、第八

---

[1] 本文主要参考了宁致远："深切缅怀雷洁琼副教务长"，载《中国政法大学校报》总第699期（2011年1月19日），第4版。

[2] 据吴昭明先生回忆。据赵克俭先生回忆，当时被允许讲课的只有雷洁琼和严景耀。据宁致远先生回忆，被允许讲课的有雷洁琼、严景耀和楼邦彦。

届全国人民代表大会常务委员会副委员长，中国民主促进会第七届、第八届、第九届中央委员会主席和第十届、第十一届名誉主席。

雷洁琼1905年9月出生在广东台山的一个华侨之家，从小就受到新思想新文化的熏陶。1924年赴美国留学，在加州大学选修化工、斯坦福大学选修远东问题，后到南加州大学攻读社会学，并获得硕士学位。1931年，雷洁琼回到祖国，任燕京大学社会系讲师、副教授。1938年后，雷洁琼任江西省妇女生活改进会顾问、妇女指导处督导室主任、地方政治讲习院妇女班主任、战时妇女干部训练班主任、中正大学政治系教授，并负责南昌市伤兵管理处慰劳工作。1941年后，任上海东吴大学社会学系教授，兼任沪江大学、圣约翰大学、华东大学、上海震旦女子文理学院教授。1946年后任燕京大学社会系教授。

1949年雷洁琼出席了政协第一届全国委员会全体会议。1949年10月1日，雷洁琼登上天安门城楼，参加了开国大典。后担任中国新政治学会副秘书长、政务院文教委员会委员。1953年后任北京政法学院教授、副教务长，国务院专家局副局长。

1973年后任北京大学国际政治系教授、社会学系教授。

1977年后，历任北京市政协副主席，北京市副市长，国务院学位委员会第一届学科评议组成员，全国妇联副主席，中国国际交流协会副会长，中国社会学学会副会长、名誉会长，欧美同学会名誉会长，北京市社会学学会会长，中国婚姻家庭研究会会长、名誉会长，北京大学社会学系教授、博士生导师等职务。[1]

主要论著（含合著及译著）有：《中国家庭问题研究讨论》《妇女问题讲座》《三十六年来妇女运动的总检讨》《关于社会学的几点意见》《社会学与民政工作》《中国婚姻家庭问题》《新中国建立后婚姻家庭制度的变

---

[1] 新华网资料，载 http://news.xinhuanet.com/ziliao/2011-01/17/c_12989659.htm，最后访问时间：2011年1月17日。

革》《老龄问题及其对社会发展的影响》《社会学与社会改革》《改革以来中国在农村婚姻家庭的新变化》《农村妇女地位研究》《现代妇女问题与妇女运动》《雷洁琼文集》等。

然而，雷洁琼在1952年至1973年担任北京政法学院教授、副教务长这二十多年的时间，却鲜有人提及，也很少有具体的资料记载这一时期雷洁琼的活动。

事实上，后来以著名法学家出现，并为北京政法学院学子讲授过婚姻法的雷洁琼，其专业原是社会学。1952年之后，政治学、社会学等学科取消，学术研究和教学已不可能继续，她才转向了法学研究。雷洁琼的丈夫严景耀先生同样是社会学专业，后来改教"国家与法的理论"。

从20世纪30年代开始，雷洁琼就十分关注妇女问题，对妇女权益保护、婚姻问题也很有研究。1950年《婚姻法》颁布，1953年3月，是中央人民政府宣传贯彻《婚姻法》运动月。时任北京政法学院副教务长的雷洁琼于1953年3月5日在《教工通报》上撰文，号召教育工作者积极参加贯彻《婚姻法》运动，她指出：贯彻《婚姻法》运动，是一个重大的社会改革运动，不要只视为私人家务小事，不要以"清官难断家务事"的态度来应付它。以后，她又不断撰文或在不同场合的讲话中对真正落实《婚姻法》和真正提高妇女的地位给予指导。

除教书讲课之外，作为北京政法学院的副教务长，她对于学院的事务也是尽心尽力。当时担任教务长的是刘昂，是一位参加革命较早的老干部，副教务长是雷洁琼和费青。在北京政法学院初创时期，四校来的"旧知识分子"和专门调来担任领导的革命干部之间，因为思想上的差异，往往难以融合。老教授们不习惯革命干部的做法，革命干部也受"左"的思想影响，对老教授们存在很大的偏见。

费青副教务长实际上只是挂名，因为他是《新建设》杂志的主编，主要主持杂志事务。雷洁琼尽管不是挂名，社会活动也很多，无法完全投入学院的行政工作。因此，学院的教学领导工作，主要由教务长刘昂承担。有时候无法及时与雷洁琼商量，刘昂便自己做了安排，后来又觉得这不符合党团结知识分子的政策，就采取事后向雷洁琼通报情况的办法，并征求她的意见，已经实施的，如有不妥则加以改正。为人耿直的雷洁琼也会直言不讳地提出意见。

为了学院的发展，雷洁琼也和建校初期的开创者们一起，争取更好的教学条件。1956年底，雷洁琼与钱端升、李进宝一起参加了在紫光阁召集的北京高校负责人会议，在会上共同向周总理谈及校舍紧张的问题，周总理当即答应责成有关方面抓紧解决，后来才有了坐落在现在西土城路25号的教学楼主楼。

1957年，整风反"右"运动如火如荼。四校调来的教师，除部分在北京大学法律系重建的时候调回北京大学之外，留下来的大部分都被剥夺了讲课的权利。有些甚至被打成了"右派"，如钱端升、杜汝楫。幸运的是，雷洁琼并没有被划成"右派"，依然担任学院的副教务长，参与学校的管理和其他各项活动。1962年11月23日，北京政法学院建校十周年庆祝大会还由雷洁琼主持。

1964年，根据党中央、国务院关于组织高等学校文科师生参加社会主义教育运动的指示，学院师生参加了农村"四清"运动，全院参加"四清"工作队的人数达1062人。雷洁琼、曾炳钧等老教授也跟大家一起，到农村参加了"四清"运动。

到1965年，受政法教育神秘化和完全政治化的影响，四校调来的"旧知识分子"又成了一个问题。北京政法学院党委专门讨论了9位党外教授的安排问题。学院党委认为，这些党外教授既不能参加学院的领导工作，也不宜让他们开课程。经上级党组织批准，学院成立了研究室，由雷洁琼任研究室主任，专门编译有关资产阶级政治、法律方面的资料。研究室作为学院的一个学术性机构在名义上归法学研究所领导，由北京政法学院代管。

　　既不能担任职务，也不能上台讲课，只好在研究室里"待着"。此后的年头，雷洁琼和丈夫严景耀总是待在家中，学习各项文件和精神，接受"改造"。因为其留过洋的背景，加上又是学校副教务长，在当时的环境下，她也是受审查的对象。

　　1966年，北京政法学院停止招生，1968年学院下放北京市代管，1969年师生被疏散到延庆。又一次幸运地，雷洁琼并没有遭到特别严重的打击，尽管也要时时接受审查，写检查交代问题。

　　1970年底，北京政法学院被宣布撤销。1971年2月，学院所有人员被下放到安徽濉溪县五铺农场，进行劳动改造。当时上级曾明确指示，学院的8位老教授可以留在北京不下放劳动，但雷洁琼、严景耀夫妇主动要求陪同干部、教师一同到农村锻炼。直到1972年，雷洁琼被周恩来亲自点名调回了北京。她对总理说她还想回到大学去教书，当时的雷洁琼已经67岁了。此时，雷洁琼工作、生活了近二十年的北京政法学院已经不复存在，雷洁琼和丈夫严景耀便被调到了北京大学，结束了北京政法学院的岁月。

　　在北京政法学院的20年，也许是雷洁琼106年漫长的人生历程中一段较为艰辛曲折的时光。她在这里经历了一系列政治运动，在这里和北京政法学院的老师们一起被下放到安徽农村。然而，作为北京政法学院创业时期的开拓者之一，雷洁琼为学院的建设和发展做出了杰出的贡献，即使在离开之后也仍然关心着学院的变化和进步。

　　2004年9月12日，为庆祝雷洁琼先生99岁华诞，由湖南省校友分会会长唐自熙先生发起，并由广西、湖南、湖北、深圳校友分会以及五六级六班、六〇届捐赠的雷洁琼先生绣像在中国政法大学揭幕。当日，从全国各地赶来的校友与校党委书记石亚军、校长徐显明、终身教授陈光中、婚姻法专家巫昌祯教授一起召开座谈会，回顾了雷洁琼先生99年的人生历程，并共同献上对雷老的祝福。

2011年1月9日，雷洁琼先生因病在北京逝世，享年106岁。1月13日下午，中国政法大学举行追思会，深切缅怀著名社会学家、法学家、教育家，中国民主促进会创始人之一和卓越领导人，北京政法学院原副教务长雷洁琼先生。2011年1月14日，校党委副书记高浣月一行前往雷洁琼先生家中吊唁，代表全校师生表达对雷老的无限哀伤与沉痛悼念。

↑ 建设宿舍楼

↑ 劳动建校

↑ 修建学校道路

↑ 劳动建校

↑1958年，海淀校区教学楼竣工

用双手建造美丽的校园

——劳动建校侧记

用双手建造美丽的校园[1]

——劳动建校侧记

1952年，刚刚成立的北京政法学院没有自己的校舍，只好暂栖沙滩北京大学校舍，与尚未迁出的北京大学、中央财经学院共用沙滩校区。[2]

1953年2月，北京政法学院第五次院务会议讨论了有关新校址的选择与建设问题，根据中央安排，新校址选择在北京西北郊土城，即后来的海淀区学院路41号，现在的海淀区西土城路25号。1953年7月1日，新校舍开始兴建。1953年12月，新校舍初步建成，师生陆续迁入。1953年10月招收（12月入学）的第一批两年制专修科学生289人是第一批搬到这个刚建好的"学院路41号"的学生。1954年1月26日，新校舍全部竣工；1954年2月12日，北京政法学院全部搬迁完成。

此时建成的新校园，共包括北楼、中楼、南楼（后来称为一、二、三号楼，即现在海淀校区的老一、二、三号楼），联合楼、礼堂和学生食堂、教工食堂以及两排工棚（后来做了家属宿舍和托儿所）。当时按照北京市的规定，以学生人数的多少决定学校校舍的大小，如此计算下来，北京政法学院的征地面积是190亩。当时，在学院规划校舍的位置上有三户农民的庄稼地和坟地被征用，如今校园里依然可以看到的一个清朝的将军碑就是当年其中一户农民金家的。

---

[1] 本文参考了何长顺先生口述回忆；中国政法大学校史编写组编著：《中国政法大学校史》，中国政法大学出版社2002年版；艾群："即将消失的老校园"，载《法大人》第16期，第18–31页。

[2] 据苏炳坤、吴昭明等人回忆，中央财经学院当时不在沙滩校区。

校舍范围北至现在的汽车房，及现在北门外的几幢大楼的位置；南到现在家属宿舍一号楼；西到原贵友酒店（包括海淀艺校），东至小月河边。从南到北从西到东，走路也不会超过五分钟。校园没有围墙，只有一圈铁丝网将这为数不多的几幢房子围起来。也没有正式的校门，就在校园的东北角两栋平房的中间开了个口子，学校自己修了一条土路穿过西土城通向东面的马路。

北京政法学院是最早落户学院路的学校，在周围都是庄稼地和坟丘的时候，全校师生就已经在这里开始了他们的学习和生活。以后，新中国成立初期著名的"八大学院"陆续来到学院路扎根，学院路才逐渐热闹起来。然而，和"八大学院"相比，坐落在学院路南边的北京政法学院实在是一个小学校。无论是学校面积、校舍数量还是学生人数，北京政法学院都排在末位，是学院路上最小的一个学院，以至于被称为"袖珍大学"。

那时候的学校真可以称得上是筚路蓝缕。北京政法学院的创业者们在极其简陋的条件下、在不平静的年代，为新中国的法学教育积极探索、不断开拓，用双手一砖一瓦地建起了这座虽不算大，但干净美丽的校园。

在迁到学院路以后的几年间，随着招生的扩大，师生人数的增加，学院陆续建起了其他的建筑。其中的很多建筑，都凝聚着早期北京政法学院师生的汗水，他们的辛勤劳动和创业精神，至今依然激励着每一个法大人。今天的中国政法大学，仍然是一个"袖珍大学"，一代代法大学子胸怀梦想，在学院路逼仄的空间和昌平紧凑的校园里，追求着法治、正义和公平。应该说，这样的创业精神就是法大的精神，这样的优秀品质就是法大人的品质。

让我们来追寻一下当年的联合楼。所谓联合楼，就是说这座楼承担了多种功能。这座三层的红色小楼首先是办公楼，学校的所有机构都在里面办公。一层的西边是医务室，中间是政治部、总务处办公室，东边是教室。二层除了教务处、人事处的办公室，两边是大教室。三层的东半部分是图书馆和阅览室，西边是苏联专家的教学和办公场所。当时同学们上课，人数众多的大课一般在礼堂上，其他课一般都在联合楼里。

1956年底，钱端升、李进宝和雷洁琼等参加了在紫光阁召集的北京高校负责人会议，在会上共同向周恩来总理提出校舍紧张的问题，周总理当即答应责成有关方面抓紧解决，后来才有了海淀校区老教学楼主楼。[1]这座教学大楼是在周恩来总理的亲切关怀下设计修建的。全院师生以高度的热情参加义务劳动，在校园东侧的一片空地上兴建教学楼。到1957年，教学楼主楼基本建成。

这座当时学校最宏伟的建筑，是仿造苏联建筑的样式建造的，体现了明显的苏式建筑风格。教学楼的图纸基本上是基建科的几个老师仿照苏联建筑范式画出来的。建成后的教学楼，教室有三种规格，主楼的小教室可以容纳30—40人，中教室可以容纳90—100人，副楼的大教室则可以容纳200人左右上课。教学楼的外墙屡经修葺，在以后的年代里经过粉刷、抗震加固、贴瓷砖，今天的面貌和最初已不太一样。然而，远远望去，我们依然可以感觉到巍峨高大、庄严稳重的气质。教学楼建成后，同学们就基本在这里上课了。

1956年招进的学生到了学校之后，学生宿舍也一下子紧张起来。学校就在南楼的南边新建了一座宿舍楼，称为新南楼，也就是四号楼。盖完四号楼后，经费有一点剩余，学校就补贴了一部分钱，又盖了五号楼。后来又分两次在1962年盖成了六号楼。

在这一时期，学校还在北边盖了一个正式的校门，有传达室，旁边还有放自行车的车棚。那时的北门比现在宽大，是木栅栏门，底下带有轱辘。由毛主席题写的"北京政法学院"校名木匾就挂在北门和教学楼的正面。1960年代又开了东校门。

这些后来逐渐兴建的建筑，大都留下了北京政法学院师生的痕迹。上至钱端升院长等学校领导，下至普通教师青年学生，都参加过基本建设和校园美化的劳动。基本建设主要由工人来进行，同学们则做一些辅助性的工作。如校园里的土路、花坛等设施主要是在师生们的辛勤劳动下建成的。1959年，在进京

---

[1] 2021年5月，北京市发布《关于北京市第三批历史建筑的公告》，中国政法大学海淀校区主教学楼入选公告名单，予以保留。

参加全运会的解放军昆明部队运动员的帮助下，同学们自己挖土、到新街口豁口拉老城墙的墙砖，建造了美丽的人工湖"小滇池"。1965年，同学们又利用课余时间义务劳动，建造了大操场南面的游泳池。

在全校师生的共同努力下，校园逐渐变得丰富和美丽起来。有恢弘高大的教学楼，有波光荡漾的"小滇池"，有运动场和游泳池，在楼和楼之间种满了核桃树、枣树、桃树，甚至还有百花争艳的花园。行走于林荫小道，流连于假山亭台，在鲜花和果树下读书畅谈，小小的校园如此美好。

在那个政治运动频繁的年代里，北京政法学院的师生用自己的双手，建造了这个面积不大却树木葱郁、鸟语花香的美好校园。如今，随着学校的发展，新的建筑拔地而起，学院路41号的老建筑正慢慢地退出法大校园。然而，法大创业者们的开拓进取精神必将和法大同在。

↑1959年5月人工湖动土留念

↑建设中的"小滇池"

↑师生进行建校义务劳动

"小滇池"畅想曲

"小滇池"畅想曲[1]

    1954年，北京政法学院校舍建成后，全校师生从沙滩北京大学旧址搬到学院路41号。在其后的几年时间里，从校领导到教师和学生，用自己的劳动逐步完善和美化了这个新校园。其中，1959年建成的"小滇池"，同样凝聚着学院师生辛勤劳动的汗水。

    北京政法学院作为当时学院路最小的学院，被称为"袖珍大学"，整个校园仅有190亩。然而小天地同样可以有大作为。在短短几年时间里，学院建起了教学楼、四号楼、五号楼，并在楼与楼之间遍植树木，校园里绿树成荫，百花争艳，景色秀丽。

    1959年，第一届全国运动会在北京召开。由于当时宾馆不多，从云南来北京参加全运会的昆明部队运动员被安排在北京政法学院驻扎。为了表示感谢，他们决定利用训练之余的时间帮学校挖一个人工湖。

    1959年3月23日，全院师生举行挖建人工湖誓师大会，和解放军一起，在教学楼以西、联合楼以南的一片空地上开始了劳动。在学校的安排下，全校的同学都排好班轮流劳动。一部分同学和解放军一起在空地上挖坑，挖出来的土则堆到湖的中央，形成一个湖心岛。另外一部分同学则排着队到新街口豁口拉老城墙的墙砖。这个时候，为了修建地铁，北京城剩下的老城墙也被陆续拆除。拆除的办法是动员机关单位和市民义务劳动，并把拆下来的墙砖拉走。同学们走路来到新街口豁口，将扒下来的墙砖装上解放军昆明部队的卡车，拉回

---

[1] 本文参考了何长顺先生口述回忆；艾群："即将消失的老校园"，载《法大人》第16期，第18—31页。

学校，砌成人工湖的边墙。

在那个年代，北京政法学院的同学们参加的劳动多不胜数，中央确定政法教育的目标是培养"具有共产主义觉悟，懂得阶级斗争知识，体魄健全，有文化，能劳动的政法工作者"，劳动已经成为教育工作的重要内容。大炼钢铁、深翻土地、修建十三陵水库、参加东升人民公社的日常劳动，无论多么重的体力劳动都已经司空见惯了。相比之下，修建"小滇池"的劳动真可谓是小菜一碟。在全院师生和解放军的共同努力下，"小滇池"很快就建好了。由于这些解放军来自昆明，就把这个人工湖命名为"小滇池"。

那么，既然是一个人工湖，水又从哪里来呢？那时候学校里面有一口机井，在如今"法治天下"碑的位置。这口井是学校自来水的来源，供应着全院师生的生活用水。由于当时北京的地下水还很充足，这口井的水也是又多又好，除了供应全校师生的生活用水，还能给"小滇池"以及1965年建成的游泳池蓄水。

↑1963年张蔼灿与同学在"小滇池"边合影

"小滇池"建成以后，又在岸边和湖心岛种上了垂杨柳和木槿花。一时间，"小滇池"成为校园里一道最亮丽的风景线，同学们在上课劳动之余都喜欢在湖岸边看书聊天，在杨柳和木槿花之间徘徊。冬天到来，待湖面结成了冰，还可以在上面滑冰。

那真是这个"袖珍大学"最美好的时光。尽管政治运动的喧嚣在学院围墙的铁丝网内外沸腾，尽管作为一所政法院校也从来没有"错过"任何一场或大或小的运动，然而，人的正常审美需求和对于美好生活的愿望，也从来没有在这里消失。

那时候，学校北门外种上了杨树，几幢宿舍楼之间栽上了核桃树和枣树，教学楼两边都是桃树，在"小滇池"和操场之间开辟出了一个桃园，教学楼和"小滇池"之间则是核桃园，联合楼的北边还有一个葡萄园，面积虽然不大，却给校园带来了勃勃的生机。礼堂旁边的一大片地曾经是一个美丽的花园，种上了种类繁多的花。假如遇上有些名贵的品种开了花，还会广播告知全校，让大家去观赏。

春天的时候，繁花盛开，校园里到处都是花的芬芳、鸟的鸣叫。徜徉于百花丛中，沐浴在明媚的春光里，不出校门也可以踏春赏景。秋天到来，校园里各种各样的果树结出了果子：桃子、枣、葡萄、核桃。坐在落叶飘飞的树下看书，神清气爽。即使再饿再馋，也从来没有人去摘果子吃。到了假期，学校人少，更是平添了一份静谧，为美丽的校园带来另外一种风景。而"小滇池"周围的这一片区域，绿树掩映，垂柳拂水，或临岸，或登岛，无论从哪个角度看，都是风景这边独好，实在是美不胜收。

可惜的是，后来学校被解散，没有人来管理"小滇池"，导致水源枯竭。曾经波光潋滟的"小滇池"变成了一个大坑，长满杂草。夏天下雨积水之后，甚至散发出阵阵恶臭。

1986年，刚成立的中国政法大学在原来"小滇池"的位置上盖了学校第一座真正意义上的图书馆。[1]从此，"小滇池"从学院路41号的地图上消失了。

---

[1] 2013年，该图书馆被拆除，在原址建设教学图书综合楼。2020年，在原"小滇池"位置上建设的教学图书综合楼落成投用，该综合楼包括了新图书馆、礼堂和部分教室。海淀校区新图书馆位于教学图书综合楼西侧，总建筑面积2.15万平方米，共7层，其中地下1层，地上6层。目前，海淀校区图书馆藏书量达149.7万册，设有图书阅览区7个，精品书展示区6个，共向读者提供2040个座位。

↑彭真同志为中国政法大学学报《政法论坛》题刊名

从《教学简报》到《政法论坛》

↑创办初期的《教学简报》

↑《北京政法学院学报》1979年试办两期

↑1980年6月17日，《北京政法学院学报》
正式编辑出版发行

从《教学简报》到《政法论坛》[1]

　　1954年，经过两年的办学，北京政法学院的各方面工作初步步入正轨。党组织和行政机构建设均已初具规模，各群众组织也逐渐建立起来。这时候，学院的第一届、第二届本科生，也就是1950年和1951年入学的原四校（北京大学、清华大学、燕京大学、辅仁大学）学生，已经全部毕业（提前一年毕业）。新招收的第一届两年制专修科学生（1952年入学）也已毕业。

　　这一年，中央召开了全国政法教育会议。会议指出，"政法教育的教学改革工作较之其他学科更为迫切和必要"，确定了过渡时期政法教育应"适应政法工作发展的需要，有计划按比例地培养忠于社会主义建设事业，热爱祖国，体格健全，具有坚定的工人阶级立场和社会主义政法观点，掌握先进政法科学，熟悉专门政法业务的工作干部和法律专家"。北京政法学院开始招收四年制本科生，学院的发展进入新的阶段。

　　为了适应新的教学科研需要，反映学院的教学科研成果，1954年10月9日，作为学院学习指导刊物的《教学简报》正式出刊。《教学简报》是一份以配合教学工作、反映教学情况、交流教学经验为宗旨的内部刊物。作为北京政法学院的第一份出版物，《教学简报》不仅起到交流教学经验的作用，在《北京政法学院院讯》出版之前，还起到传达学院教学方针和学院工作各方面信息的作用，使全院师生和社会及时了解学院的动向。

　　其时《教学简报》由教务处下设的编译室负责，创办时只有3个人。一个

---

[1] 本文参考了王仲元："从《教学简报》到《政法论坛》"，载《中国政法大学校报》总第701期（2011年3月1日）、总第702期（2011年3月8日），第4版。

是从华北行政委员会调来的王仲元，一个是从华北人民革命大学调来的宁致远，还有一个是从燕京大学调来的老教授张锡彤。

张锡彤先生颇有点传奇色彩。他是燕京大学唯一没有出过国便获得教授资格的人，会英、法、日、俄四国语言。从燕京大学调来的教授有5人，严景耀、雷洁琼、张锡彤、徐敦璋和张雁深。[1]其中除了严景耀和雷洁琼，其他人都不允许上台讲课。在这种情况下，张锡彤就被调到编译室编辑《教学简报》。但是时间并不长，一年以后张锡彤就调往中央民族学院，从此便离开了北京政法学院。

编译室3个人中，张锡彤主要负责翻译，翻译一些外国的学术著作和他自己的书，刊登在《教学简报》上。王仲元和宁致远则负责编辑、校对、印刷等其他所有事务。

《教学简报》名为简报，却采用了刊物的形式。限于当时的条件，刚开始为不定期出版。初期的《教学简报》没有封面，每期页数也不固定，约五六万字。前几期的刊名是由总务处一位毛笔字写得比较不错的同志写的，直至出版到第四期，才改由钱端升院长题写刊名。

创办初期的《教学简报》实际上兼有校刊的作用，在内容上，既刊登一部分重要指示、计划、总结和报告，也有教师和学生写的有关教或学经验的稿件。

至于学术理论方面的稿件，虽然也有一些，但数量不多，这与当时的大环境有关。这时候新中国成立未久，百废待兴，法制建设也刚刚起步，旧法废弃，新法未颁，一切都亟待开拓和完善。高等教育也刚刚经过伤筋动骨的大调整，并没有经验可言。处于探索阶段的新中国法学和法学教育，不可能有多么深入的理论研究。

从作者的角度来说，这时候学院虽有一批知名的老教授，如钱端升、雷

---

[1] 此处根据中国政法大学档案馆策划、李克非撰稿："档案里的法大记忆"（之六），参见中国政法大学新闻网2011年5月专题。据中国政法大学校史编写组编著的《中国政法大学校史》（中国政法大学出版社2002年版）记载，燕京大学教授5人中有陈芳芝，无张雁深。

洁琼、楼邦彦、吴恩裕、严景耀、曾炳钧等，但他们学的是"旧法"，以前所掌握的知识理论在新的形势体制下已不通用。因此，除了忙于教学任务，或完成行政事务，或参与政治活动外，他们很少写文章进行科学研究。至于中青年教师，多数是刚学了新的法学知识便走上教学岗位，首要的任务是把课讲好，完成教学任务。即使有的教师在教学之余写点文章，多数也只是为学习苏联的社会主义法学理论，以及写点《法律是根据统治阶级的意志制定的，镇压敌对阶级反抗的工具》《政法工作是掌握"刀把子"的工作》这样的文章。严格说来，那时候还谈不上有真正的科研工作。

印出来的《教学简报》，主要发放到校内各部门、各教研室、图书馆，学生则是每宿舍发两份。此外，便是用以向各有关领导机关、各高等院校赠阅和交换。

1956年春，宁致远转往语文教研室从事教学工作，1956年底又调入两个新人。编译室仍然是3个人。

1956年下半年，校刊《政法院讯》创刊，《教学简报》不再刊载除教学以外的一般工作情况的内容，而专注于教学和科研工作。此后的《教学简报》为了适应这一形势，从形式到内容都做了一些改变：增加了以道林纸印刷的两色封面，页数由每期三四十页增加到五六十页，刊登的稿件以理论性的文章为主，内容也有所丰富和提高，朝着学术刊物迈进了一步。

这时候的《教学简报》也逐渐受到校内外的关注，师生给《教学简报》投稿的日渐多了，特别是中青年教师。当时还是青年教师、从苏联学成回国不久的江平先生不止一次给《教学简报》撰稿。研究生和本科生中也不乏热心投稿的。校外的许多单位如高等院校、研究机构，甚至有些地方的司法机关都纷纷要求交换或赠阅，有的甚至寄来钱款，要求订阅。

此时的法学报刊，除中央级的杂志《政法工作研究》之外，为数极少。物以稀为贵，在法学研究较为薄弱和法学报刊较为稀少的情况下，《教学简报》受到各方面的关注和欢迎。

1957年11月20日，为适应教学和科学研究工作发展的需要，学院将出版了二十余期的《教学简报》更名为《政法教学》。改版的方向，则是学术性、理论性刊物。当时的教务长刘昂及编译室的王仲元等提出了几种备选的刊名，如《北京政法学院学报》《政法教育与科学》《政法学刊》等。然而，顾虑到学院当时的科研实力还不够强，科研工作还没有普遍开展起来，使用上述这些刊名，似乎有些难副其实。最后才定名为《政法教学》。教，指政法教育的经验和规律；学，指研究政法科学的理论问题。

编委会由刘镜西、王仲元、宁致远、严景耀、姜达生、赵吉贤、张杰、张子培、曾炳钧、鲁直等15人组成。此时主管《政法教学》的教务长刘昂已被调往中南政法学院，《政法教学》的编辑工作由院党委书记、副院长刘镜西直接领导。

1957年底，《政法教学》第一期以崭新的面目和广大师生员工见面。此时《政法教学》的发行，对于探索政法专业教育的方法和途径起到了积极的作用。

与《教学简报》相比，《政法教学》可以说是面目一新。封面经过精心设计，院党委书记、副院长刘镜西题写了刊名。由于更换了一家设备和技术条件都比较好的印刷厂，在纸质、印刷和装订方面都较以前有所改善，印数达到了1500册，篇幅也增加了不少。从此之后，《政法教学》基本只刊登学术性、理论性文章，具备了学报的雏形。

进入1958年，《政法教学》又勉强出了两期。之所以说"勉强"，是由于经过1957年的整风反"右"运动之后，一大批骨干教师和本科生、研究生中爱动脑筋、勤于写稿的人被划为"右派"分子，不可能再搞研究。再加上当时强调教育与生产劳动相结合，大批师生员工投入深翻土地、大炼钢铁等火热的劳动之中，学校正常的教学秩序已被打乱。在这种情况下，《政法教学》收到的稿件越来越少，出版面临着非常困窘的局面。

此后不久，王仲元被调离北京政法学院，《政法教学》在政治运动的起起伏伏中已无法保证正常出版。

1979年，北京政法学院复办后，随即开始筹备《北京政法学院学报》的编辑出版工作。当时成立了专门的学报编辑部，设在科研处下面，由院长曹海波直接领导。编辑共有3人：姜文赞（第一副主编）、王仲元（副主编）和李镜莹。1982年暑假，又调入4位新人，大大充实了编辑部的编辑力量。

经过紧张的筹备工作，《北京政法学院学报》第1期于1979年11月问世。初创时为季刊，每期八九十页，约10万字。这是北京政法学院自创办以来正式以学报命名的学术理论刊物。

当期《编者的话》作为发刊词，阐明了学报的办刊宗旨、性质、任务，即"为了适应加强社会主义法制，繁荣和发展社会主义法学的需要，为了提高政法教育质量，为实现'四化'更多地出人才、成果，决定创办这个理论性、学术性刊物——《北京政法学院学报》，作为我院师生交流教学经验、介绍科研成果、开展学术讨论的园地"。

1983年5月，中国政法大学成立，《北京政法学院学报》亦改名为《中国政法大学学报》继续出版。1984年开始在全国发行。1985年起改名为《政法论坛》，由季刊改为双月刊，高潮任主编，周国均任副主编。1986年《政法论

↑现今的《政法论坛》

坛》面向国内外发行。

　　随着国家对社会主义法治建设的日益重视和法学学科的日渐繁荣，加上学校教师队伍不断扩大，科研力量有所增强，学报获得了有力的支撑，内容逐步充实，质量稳步提高。改名至今，经过多年的发展，《政法论坛》发表了大量优秀的法学理论文章，始终站在法学研究的前沿，也获得了一系列奖项，打出了自己的影响，树立了中国政法大学的品牌。目前的《政法论坛》已成为国内法学界公认的一流学术期刊。

↑1955年至1957年，苏联派出教授到学校支教，与学校师生共同创办了民法、
　刑法学的研究生班。图为该研究生班同学毕业前夕到颐和园游玩

↑学生在图书馆查阅资料

↑1955年，苏联专家约·楚贡诺夫给刑事诉讼法研究生授课

研究生教育的开端

研究生教育的开端[1]

　　1954年，全国政法教育会议召开。会议提出，在最近几年，北京政法学院应担负培养专门人才和短期轮训在职干部的双重任务，学制为4年。全国政法教育会议的召开，对于北京政法学院来说意义重大。

　　建校两年间，学院主要以轮训在职干部为主，并招收了一批两年制的专修科学生，本科生都是来自北京大学、清华大学、燕京大学和辅仁大学四校学生。其中1950年入学的本科生，并入北京政法学院时已是二年级，只学习了一年，根据钱端升院长的指示"因为国家工作需要，不能等你们4年了，你们提前毕业，享受本科生待遇"[2]，1953年就提前毕业了。这是北京政法学院的第一届毕业生。1951年入学的四校学生，也只在北京政法学院学习了两年就于1954年提前毕业。而1952年北京大学等校新招收后转入北京政法学院的两年制专修科学生，经过两年的学习，在1954年也毕业了。

　　从1954年开始，北京政法学院积极贯彻过渡时期政法教育的方针，认真进行了学制改革，开始招收四年制本科生，并逐渐减少其他培养模式的招生人数。从此，北京政法学院的办学逐步走向了正规化，学院的建设与发展进入了一个新的历史时期。

　　而研究生教育的开始，则是在1955年，其初衷是缓解政法院校师资力量的严重不足。为适应提高教学质量和教师业务水平的迫切需要，1955年，北京政

---

　　[1] 本文参考了严端教授口述回忆，采访时间：2011年7月24日。严端（1934—2020），我国著名刑事诉讼法学家、中国政法大学教授、博士生导师。

　　[2] 据赵克俭先生口述回忆，采访时间：2011年5月17日。

法学院决定在全国招收有一般理论与业务知识、现任政法学院助教或曾系统学习过理论与政法专业课程的大学毕业生为研究生，以培养民法、民事诉讼法、刑法、刑事诉讼法、司法鉴定等专业的师资，学制为两年。

这一年9月，首批75名研究生到北京政法学院报到入学。这75名研究生并非面向社会招收来的，而是由各个学校推荐来的，大都来自政法院校和各大学如西南政法学院、华东政法学院等的法律系，具有良好的政治和专业基础。当时的学院由于老教授们大都是"旧法人员"，不允许上台讲课只能在研究组里待着，因此能够给这批研究生授课的人也十分缺乏。而此时正是全面学习苏联的时期，在1955年的教学计划中，学院提出要"全面系统学习苏联先进经验"。为了培养这批研究生，学院专门从苏联聘请了两名法学专家。

这两名苏联专家分别是罗斯托夫大学刑法学教授约·楚贡诺夫和民法学副教授马·克依里洛娃。北京政法学院研究生教育的开始，和这两名苏联"不著名大学"里来的"不著名学者"有着非常大的关系。[1]

这75名研究生按照专业方向，分别跟随苏联专家学习犯罪对策、苏维埃刑法、苏维埃刑事诉讼法、苏维埃民法、司法鉴定等专业。两名苏联专家就相当于现在的导师，分别带二十多名研究生，按专业分成不同的组。在两年的时间里，研究生们就只上所跟导师的课程，由这名导师负责所有的授课、组织每组研究生进行研究讨论。后来，根据研究生教学管理的需要，学院还专门为研究生班配备了一个辅导老师。当时的研究生辅导老师就是后来的中国政法大学校长、终身教授陈光中先生，由他来管理研究生的学习和生活。

作为新中国第一批政法类研究生，也是北京政法学院的第一批研究生，这75名研究生的培养是按照高等教育部修正批准下达的《北京政法学院研究生教学计划》进行的。在教学上则采取专家讲授与个人钻研、集体讨论三者结合的方式。

---

[1] 江平口述，陈夏红整理：《沉浮与枯荣：八十自述》，法律出版社2010年版，第117页。关于约·楚贡诺夫，江平先生自传中称其为教授，严端教授称其为副教授。

　　新中国刑事诉讼法学的奠基人和主要学科带头人之一严端教授即是这批研究生中的一员。1952年，18岁的严端报考北京大学法律系，因全国院系调整北京大学法律系并入北京政法学院，而成为北京政法学院的首批学生。1954年毕业留校工作一年后，又成为新中国第一批刑事诉讼法专业研究生之一。据严端教授回忆，当时刑事诉讼法专业共有10个人，只有她是来自北京政法学院的，其余的人都来自其他学校的。由于成绩优异，各科都是满分（五分），就担任了刑事诉讼法研究生的组长。刑事诉讼法专业的研究生都师从苏联专家楚贡诺夫，着重对苏联的刑事诉讼法及其理论进行深入、系统的学习。

　　在研究生学习期间，北京政法学院分别于1956年和1957年举行第一次和第二次科学讨论会，在校的研究生们作为学术研究的后备力量也参与了这两次讨论会，并在科学著作展览会中展出了自己的作品。

↑学生在宿舍自习

　　1957年，严端研究生毕业，开始了她在北京政法学院和后来的中国政法大学长达几十年的教学生涯。其余74名研究生也如期毕业，去往各政法院校和司法部门。

　　这一批研究生，是北京政法学院在高层次人才培养上的成功尝试。然而，此后北京政法学院的研究生教育，并未沿着这一轨道继续发展，而是出现了中断和停滞，直至1979年学院复办，才重新开始了研究生教育。但是，这批研究生既充实了北京政法学院和国内其他政法院校各学科的师资力量，也为政法部门输送了高层次的法律人才。他们中的许多人，在1978年以后活跃在中国法学研究、法学教育和司法实践的第一线，为中国的法治建设做出了贡献。

↑苏联专家马·克依里洛娃在讲课

↑苏联专家马·克依里洛娃与民事诉讼法教师
　研究教学工作

↑1957年，刘镜西副院长与两位苏联专家游颐和园时合影

↑1955年巫昌祯陪苏联专家去颐和园

↑1957年6月25日欢送苏联专家

苏联专家的背影

苏联专家的背影[1]

中华人民共和国成立以后，在国家建设上，当时我国缺乏历史资源可供借鉴，只能全面向苏联"老大哥"学习。在此时期，苏联也向我国提供了大量的物资、技术和人才援助。

教育领域同样以苏联模式为样本。在改造新中国成立前旧课程教材的同时，采取学习苏联教育经验为我所用的办法，从基础教育到高等教育，大量借鉴，甚至直接照搬了苏联的教育模式。在高等教育中，从院校类型、学制、专业设置、教学计划到教材，无不带有苏联的影子。1952年院系调整，实际上就是一个把民国时代的现代高等院校系统改造成"苏联模式"高等教育体系的过程。

北京政法学院成立后，正好赶上了以学习苏联教育经验为主开展教学改革的时期。在中央的号召下，全国各大高校纷纷开展教学改革：学习俄语、翻译苏联教材，仿照苏联高等院校制订教学计划和教学大纲，设立教研室，派遣留学生赴苏联学习……一时间好不热闹。

建院后，北京政法学院只有一个法律专业。这时候，已经全面否定了国民党政府的"伪法统"，中华民国时期的《六法全书》已不能作为学习和研究的对象。而西方资产阶级的法律也不能学，刚刚诞生的中华人民共和国立法工作尚待逐步开展，剩下来的就是学习苏联法律了。那时候的课程设置里面，诸如"苏联国家与法的历史""苏联与人民民主国家法"等课程成为专业课

---

[1] 本文参考了严端教授口述回忆，采访时间：2011年7月24日；参见江平口述，陈夏红整理：《沉浮与枯荣：八十自述》，法律出版社2010年版。

的主要内容，而民法、刑法、民事诉讼法、刑事诉讼法等核心课程也基本以学习苏联为主。

早在建院初期，学院就仿照苏联成立了各科教研室，但由于教师缺乏，全校教学人员只有26人，只能设两个专业小组。根据教育部颁发的《高等学校课程考试和考查规程》，学院也于1955年全面参考苏联的5级分制，并采用苏联的考试方法。至于教材，当时中国根本就没有自己的法学教材，完全借用由中国人民大学翻译的苏联高等学校政治理论及政法专业和俄语教材。在使用这些教材时，依据1954年全国政法教育会议的方针任务和培养目标，制定了编译教学大纲和教材的基本原则。

在照搬苏联教育模式的同时，和苏联有关的一切，都成了师生了解和学习的内容。20世纪50年代，学院开展了一系列和苏联有关的报告、讲座和交流活动。这些报告、讲座和交流活动，向广大师生展现了苏联的政治、经济和教育状况，在师生中产生了深刻的影响。甚至连课余时间学校放电影，大部分也都是苏联的革命电影。

全面学习苏联在1955年达到了顶峰。在这一年，学院在教学工作计划中提出了全面系统学习苏联先进经验。当年，北京政法学院首批研究生报到入学，而为了培养这批研究生，专门从苏联聘请了两名专家。

当年北京政法学院的第一批研究生共招收了75人，其目的主要是培养民法、民事诉讼法、刑法、刑事诉讼法、司法鉴定等专业的紧缺师资力量。研究生学制为两年，分别学习犯罪对策、苏维埃刑法、苏维埃刑事诉讼法、苏维埃民法、司法鉴定等专业。这些研究生大多来自各政法院校，具有较好的政治与专业基础。新中国刑事诉讼法学的奠基人和主要学科带头人之一严端教授即是这批研究生中的一员。

由于当时学校的师资力量不足，而第一批研究生招生数量又较多，学院根据中央关于"学习苏联"的号召，从苏联专门聘请了两名法学专家进行研究生教学，每位专家指导二十多名研究生。这两名苏联专家分别是罗斯托夫大学刑法学教授约·楚贡诺夫[1]和民法学副教授马·克依里洛娃。

在新中国成立初期的社会主义建设中，苏联派出了大量的专家援助中国，各个领域都活跃着苏联专家的身影。政法领域也不例外。然而和经济等领域技术型的专家有所不同的是，政法领域的专家并没有很大的决定权。因为政法工作作为实施无产阶级专政的重要手段，政法教育作为培养掌握政法人才的教育，中国共产党必须具有绝对的权威。

因此，这两位苏联专家来到北京政法学院后，一方面对学院的研究生培养做出了很大的贡献，另外一方面在办学方针等问题上和学院的领导层并不十分一致，经常出现分歧。在一定程度上，政法领域的苏联专家地位是比较尴尬的。

地位尴尬不尴尬一般人也许并不能看出来，当时的普通师生所能看到的最明显的，莫过于苏联专家享受的"专家待遇"了。两位专家来了以后，住在专门为苏联专家准备的"苏联专家招待所"（友谊宾馆），环境幽雅，条件优越。学院根据需要，增设了苏联专家工作组，隶属于院长办公室，配备8名翻译和1名负责行政和接待事务的秘书。学院还专门辟出联合楼三层西边的屋子，作为苏联专家的教学和办公场所。总的来说，苏联专家在北京政法学院的待遇是非常高的。

苏联专家专门给研究生上课，其实相当于现在的导师。当时研究生的教材是由苏联专家专门编好从苏联带来的，翻译成中文给研究生使用。克依里洛娃主要讲授民法，首席专家楚贡诺夫则负责刑法学方面的教学，给研究生们授课、组织讨论。据严端教授回忆，楚贡诺夫讲课非常细致，在教学过程中使用大量的视频，有从苏联带来的相关案例和破案过程的纪录片。一边上课，一边给学生看视频，对照实际案例讲解。他和学生的关系也非常好，每到周末还自

---

[1] 关于苏联专家约·楚贡诺夫，江平口述，陈夏红整理的《沉浮与枯荣：八十自述》中称其为教授，见江平口述，陈夏红整理：《沉浮与枯荣：八十自述》，法律出版社2010年版，第117页；严端教授口述回忆称其为副教授。

己备上好酒，叫研究生们过来喝酒畅谈。

在苏联专家和本校导师的指导下，北京政法学院首批研究生顺利毕业。北京政法学院的研究生教育，也在苏联专家的帮助下迈出了坚实的第一步。首届研究生的培养，是学校高层次法律人才培养历史上的重要一步。

1956年之后，中苏关系逐渐恶化，而中国高等教育，经过几年的"全面系统学习苏联先进经验"，照搬苏联模式，也脱离了我国政法教育与法制建设的实际。机械照搬苏联的法学教育和政法理论模式，也不是长久之计。因此在1956年以后提出以苏联为借鉴走自己的道路。在1958年的"教育革命"中，学院在教学计划修改过程中提出，"课程的设置应以学习中国的法律科学为主，重点介绍苏联法学的先进经验，结合批判资产阶级法学"，大量减少了苏联法律课程的学习课时，包括苏联国家法、苏维埃民法、苏维埃刑法、苏维埃民事诉讼法、苏维埃刑事诉讼法几门主要课程。

1960年，苏联从中国撤走了在华工作的所有专家，并停止了大部分合作项目。苏联专家从此消失在中国的各个领域，只留下一个模糊的背影，印证了新中国法学教育曲折发展的一段历程。

↑吴恩裕　　　　　　　↑曾炳钧　　　　　　　↑严景耀

↑1956年5月27日，北京政法学院召开第一次科学研讨会，图为曾炳钧教授发言

↑1961年声援古巴人民反美侵略，学院工会主席戴克光教授进行演讲

"四大教授"的故事

——吴恩裕、曾炳钧、严景耀、戴克光

"四大教授"的故事

——吴恩裕、曾炳钧、严景耀、戴克光

在北京政法学院建校初期，从四校调来的教授中，有四位曾被合称为北京政法学院"四大教授"。这"四大教授"分别是北京大学政治学教授吴恩裕、清华大学政治学教授曾炳钧、燕京大学社会学教授严景耀和辅仁大学政治学教授戴克光。

这四位教授分别来自当时并入北京政法学院的四所高校，而这四所高校，在新中国成立前则被合称为"北平四大名校"。1952年院系调整时这四校的法律系、政治学系或社会学系并入北京政法学院，各院系的师生也一同来到这里，从此开始北京政法学院的生涯。

这四位教授有许多共同之处。首先，他们都生于20世纪初期，早期都毕业于国内名校，并出国留学，为以后的学术研究打下深厚的根基。调入北京政法学院时，四位先生也都才四五十岁，从教学和学术研究的角度来说，正是年富力强的时候，假若环境允许，必定埋头于著书立说开坛授徒，其成就难以估计。其次，四位教授都是党外人士。其中吴恩裕和曾炳钧[1]是无党派，严景耀和戴克光则是民进会员。在新中国成立后社会主义建设初期的风风雨雨中，民主党派和无党派的身份，使他们在历次政治运动中都是敏感人物。最后，四位教授的专业在当时都属于"过时"的学科。1952年院系调整以后，政治学、社会学以及心理学、美学等专业都被取消，相关专业的教学和研究也从此在高等

---

[1] 曾炳钧教授晚年加入中国共产党。

学校里销声匿迹。四位教授所学非政治学即社会学，来到北京政法学院之后，只能被迫停止原专业的教学和研究，转向其他学科。

严景耀教授算是比较幸运的一位。在新中国成立初期，从旧大学过来的教师基本无缘讲台，只能在研究组里改造思想，视改造的情况决定能否继续授课。尤其是这些民主党派和无党派知识分子，尽管曾经作为"同路人"对新中国的成立发挥了重要作用，但在1949年以后，由于其"党外人士"的尴尬身份，大都只能十分低调，并且积极地进行自我思想改造，以求政治上的认同。[1]在这样的情况下，严景耀教授依然是被允许上台讲课的四位教授之一，其他三位则分别是民进创始人之一、严景耀的夫人雷洁琼教授和来自北京大学的芮沐教授、楼邦彦教授。[2]

严景耀（1905—1976）毕业于燕京大学社会学系，后获芝加哥大学博士学位。在调入北京政法学院之前任燕京大学政治系主任，代理法学院院长，并兼任北京大学法学院法律学系教授。此外，他还是北京政法学院筹备委员会的成员之一，参与了学院的建院工作。

来到北京政法学院之后，社会学被取消，严景耀教授转而研究国家法（宪法），担任国家法教研室主任，并兼任校务委员会委员。主要讲授"苏联国家法""资产阶级国家法""中华人民共和国宪法"和"世界概论"等课程。历次政治运动中所受的冲击虽然不大，但也和夫人雷洁琼只能在家里学习各项文件和精神，接受"改造"。1970年底，北京政法学院被宣布撤销。1971年2月，学院所有人员被下放到安徽濉溪县五铺农场，进行劳动改造。当时上级曾明确指示，学院的8位老教授可以留在北京不下放劳动，但严景耀、雷洁琼夫妇主动要求陪同干部、教师一同到农村锻炼。从安徽回京后，严景耀于1973年调到北京大学国际政治系，研究国际问题。

吴恩裕教授（1909—1979）的经历似乎更加传奇。原本毕业于清华大学

---

[1] 钱端升："为改造自己更好地服务祖国而学习"，载《光明日报》1951年11月6日。

[2] 此处说法不一，根据吴昭明先生回忆，被允许讲课的有雷洁琼、严景耀、楼邦彦、芮沐四位教授。

哲学系的他，新中国成立后则以曹雪芹研究著称。早在20世纪三四十年代，吴恩裕就作为一名政治学者积极发表言论，对当时的政治社会提出自己的观点。其时他和张奚若、钱端升、周炳琳、杨人楩、王造时等人一方面在大学教书，一方面不断在《观察》周刊、《新路》周刊、《世纪评论》等刊物发表文章，参与社会变革。和罗隆基、储安平、王造时一样，吴恩裕毕业于著名的伦敦政治经济学院，师从政治学家哈罗德·拉斯基。其在拉斯基教授指导下撰写的博士学位论文《马克思的哲学、伦理和政治思想》，被拉斯基教授誉为"我迄今见到的最短的、最好的论文之一"。院系调整后政治学被取消，吴恩裕也转变了研究方向。从1954年秋起，开始致力于《红楼梦》作者曹雪芹的生平家世研究，先后出版有《有关曹雪芹八种》（后增订为《有关曹雪芹的十种》，最后增补为《曹雪芹丛考》）、《曹雪芹佚著浅探》。1978年，吴恩裕调到中国社会科学院任研究员。

和吴恩裕、严景耀两位教授不同的是，戴克光和曾炳钧一直留在北京政法学院。

戴克光教授（1905—1977）毕业于剑桥大学，是议会政治学说的代表人拉斯基的嫡传学者，对于西方的议会政治十分熟悉。新中国成立初期，戴克光曾在华北人民革命大学学习过，还为当时小组的成员详细介绍过西方议会制度的运作方式和审读法律的具体程序。其兄戴戎光曾是国民党的少将，其弟戴曙光则在抗日战争中壮烈牺牲，三兄弟号称"戴氏三光"。在1949年以前，戴克光教授曾在顾祝同担任江苏省主席任内，担任江苏学院院长。这一点，也为后来戴克光先生在政治运动中带来了种种麻烦。和大部分教授一样，在建校初期的日子里，戴克光教授"靠边站"，继续改造思想。

曾炳钧教授（1904—1994）是清华大学政治系的首届毕业生，先后在伊利诺伊州立大学和哥伦比亚大学学习，分别获得硕士和博士学位。新中国成立前曾有毅然放弃在美国供职机会，接受地下党委托，作为中方唯一代表押运挪威货船S.S.Gunny号，将一船新型战斗机带回祖国的革命壮举。在调任北京政法学院之前，曾炳钧任清华大学政治系教授兼政治系主任、《清华学报》编辑。

来到北京政法学院之后，曾炳钧教授正当壮年，在政治学被取消的情况下转而研究中国法制史。1954年被分配至国家与法的历史教研室，1956年担任国家与法的历史教研室主任。当时的北京政法学院处于初创时期，各个学科基本上没有教材，学生只能靠课堂上记笔记来学习。从1955年开始，学院开始组织力量编写讲义和教材。曾炳钧先生就曾全程参加集体编写讲义，由他主编的《中国法制史》是北京政法学院成立以后公开印行的第一部教材。

在历次政治运动中，曾炳钧基本没有受到太大的冲击。1957年，中国政治法律学会召开"法的继承性"问题座谈会，曾炳钧教授《关于法的继承性问题》一文后来被刊登在《政法研究》上。这篇文章被认为"抹杀了法的阶级性"，而遭到严厉的批判。这种批判相较于划为"右派"、下放劳动，则实属万幸了。

1965年，作为九位党外教授之一，曾炳钧当时作为无党派人士[1]被安置在专门的研究室里，不能讲课，不能参加学院的领导工作，只能在研究室里编译有关资产阶级政治、法律方面的资料。

---

[1] 曾炳钧教授于晚年加入中国共产党。

↑同社员一起午餐
（靠边端碗用饭者为何长顺）

↑参加东升人民公社塔院大队劳动，
帮助组建幼儿园

↑1962年，北京政法学院10周年校庆

↑东升人民公社

↑劳动休息时在进行锻炼

↑集体参加劳动

在劳动中学习

在劳动中学习[1]

1957年的反"右"斗争直接导致了数十万人被划成"右派",这几十万人大都是知识分子。而1958年开始的"大跃进"及其后的三年自然灾害,影响更大,从农民到工人到知识分子,从高等院校到研究机构到政府机关,无不波及。

"大跃进"急躁冒进的思想路线激发了人们对共产主义的美好向往,在政法教育中也开始表现出了不应有的狂热,并进而发展成20世纪60年代初期的法律虚无主义思潮盛行的局面。而对北京政法学院的直接影响,就是大量增加了政治理论课,增加了劳动在教学中所占的比重。当时,中央确定政法教育的目标是培养"具有共产主义觉悟,懂得阶级斗争知识,体魄健全,有文化,能劳动的政法工作者"。

从此,学院的教学活动出现了一些本不应有的波折和反复。突出政治,强调劳动的重要性,片面强调政法教育的政治性和阶级性,导致专业课在教学活动中大量减少。[2]

1958年5月,中共八大二次会议提出,要使中国在主要工业产品产量方面在10年内超过英国、15年内赶上美国,也就是所谓的"超英赶美"。毛泽东号召大家要破除迷信,解放思想,发扬敢想敢说敢干的精神。会后,全国各条战线掀起了"大跃进"的高潮。

在这种情况下,北京政法学院根据形势的需要,不断调整教学计划和课

---

[1] 本文参考了中国政法大学校史编写组编著:《中国政法大学校史》,中国政法大学出版社2002年版;何长顺先生口述回忆,采访时间:2011年5月18日。

[2] 中国政法大学校史编写组编著:《中国政法大学校史》,中国政法大学出版社2002年版,第11页。

程设置，开展了一场轰轰烈烈的群众性教学改革运动，并将劳动作为教育工作的重要内容。在教学改革中，贯彻了"政治挂帅，以虚带实，虚实并举"的原则，发动广大师生参与教学改革。在运动中，除了批判旧法观点和教条主义、形式主义，还着重批判了"修正主义""抹煞政法教育阶级性""歪曲无产阶级专政和社会主义民主"等倾向，开始片面强调政法教育的政治性和阶级性。

因此，学院党委强调要全面贯彻"教育是为无产阶级政治服务，教育与生产劳动相结合"的教育方针，制定了相应的跃进规划和具体措施：在教学工作中提出了教学、劳动、工作、科学研究四结合的主要形式；精简业务课程，增加政治理论课的比重；把参加劳动列为正式课程；确立了"以马克思列宁主义与中国实践相统一的思想为指导，以毛主席著作为纲，以党的决议、政策为依据，总结中国的阶级斗争实践经验，编写教材"的原则；在教学和科学研究中充分运用群众路线。

1958年下半年，学院为完成跃进计划规定的各项指标，再次大幅度调整了教学计划。调整之后，在4年的学习中，除劳动和工作、毕业考试及鉴定、专题报告、毕业论文等时间外，理论课程占41%，专业课占25%，文化体育课程占34%。而平均下来1年有1个月的休假、4个月的劳动与参加实际工作时间和7个月的教学时间。学院党委认为，政法教育能不能结合劳动，是关系到培养人才性质的重要问题。生产劳动成为学院教学工作的重要内容之一。

一时间，在铺天盖地的政治口号之中，北京政法学院的师生们和全国绝大多数人一样，开始用大量的时间参加"大跃进"。在大钟寺深翻土地，在校园里筑起土高炉大炼钢铁，兴办各种工厂，参加秋收运动，"除四害"……

所谓深翻土地，就是在下种之前将土地挖得很深，达到一两尺深。这是为了贯彻毛泽东的"农业八字宪法"（农业八项增产技术措施：土、肥、水、种、密、保、管、工）而掀起的群众运动。而所谓"除四害"，就是全民动员消除苍蝇、蚊子、老鼠、麻雀。全北京市所有单位都参加到"除四害"之中来，比如打麻雀，是各个单位的人员在自己的地方挥舞各种工具，不让麻雀有落脚之地，麻雀飞得太久，就累死了。

1958年，学院的师生们参加了修建十三陵水库的义务劳动，并到丰台车站和卢沟桥农场参加劳动。留校的员工响应院党委号召，在校园内大办工厂，同时在校内开展了农业生产。师生们自制劳动工具，开展了劳动竞赛。几乎在短短的一夜之间，小小的校园里就冒出了烧砖厂、造纸厂等二十多个工厂！10月，学院下达炼钢任务，号召大搞"小、土、群"，全院开始大炼钢铁，共炼钢16 885公斤。

这些大大小小的烧砖厂、造纸厂有没有烧出砖来、造出纸来，我们不得而知。这一万多公斤的钢铁如何从土高炉里炼出来、又作何用途，我们也无从知晓。我们所能知道的是，至少这一数据为当年的钢铁产量做出了贡献。然而这一堆钢铁炼出来以后，大约校园里再也难以寻觅铁的踪迹了吧。

很快，人民公社化运动又来了。当年8月，北京政法学院旁边也成立了东升人民公社。为了便于理论联系实际，使生产劳动和工作、实习系统地结合起来，学院建立了教学、科研、生产劳动和工作"四结合"基地，与东升人民公社直接挂钩。院党委书记刘镜西兼任东升人民公社党委书记，学院的全体师生员工都参加了公社，既是学校的老师和学生，又是人民公社的社员。

此后的很长一段时间里，北京政法学院的师生多次下东升人民公社进行劳动锻炼和参加整社工作。为了专门研究和指导下公社方面的工作，学院专门成立了"下公社学习锻炼指导小组"。在东升人民公社，社员们参加收割麦子、收获大白菜等劳动，结合劳动进行了群众工作及社会调查，帮助公社进行扫盲，建立托儿所、食堂、红专学校，并参加了整社工作。

在频繁的劳动中，学院的教学科研工作基本停顿，除上大课，做专题报告，讨论和完成调查报告之外，基本上没有正常的教学活动。而经过反"右"，一大批教师被打成了"右派"，下放到农场里劳动改造。没有被下放的，也基本上无法上台讲课。

对于这样的劳动，在师生当中也产生了种种不同的看法。为了贯彻党的教育方针，统一全院师生对劳动的认识，学院于1958年10月11日、15日至17日连续举行辩论大会，就"政法专业是否能与生产劳动相结合"这一问题进行辩论，目的是通过辩论与批判，逐步统一全院师生的思想。在辩论中就有学生提出"深挖地能挖出宪法吗"等问题。

再往后，就进一步走向法律虚无主义了：诉讼法没有了，法律史也没有了，法律专业课讲授的是党的领导、群众路线，而学习的方式就是调查研究，除了这三条，其他的学习都没有用。既然课程减少了，大量的时间都在地里劳动，成天和小麦、土豆、大白菜为伍，那么，出现"人员相对过剩"也就是理所当然的事了。根据学院当时的教学情况，院党委认为，教学与机关人员相对过剩，决定下放部分干部到各地劳动，于1957年底和1959年初分两批下放干部到京郊和东升人民公社参加劳动锻炼。

东升人民公社存在了很多年，北京政法学院的师生兼"社员"们也在这里劳动了很多年。在劳动中学习，大约是那个年代独有的景象吧。这样的状况一直持续到1961年9月，中共中央批准试行《教育部直属高等学校暂行工作条例（草案）》（简称《高校六十条》）。《高校六十条》指出，必须以教学为主，努力提高教学质量，生产劳动、科学研究、社会活动的时间，应该安排得当，以利教学。此后，高等学校的教学活动才算是恢复到正常的轨道上来，劳动也不再占用大量的学习时间了。

当然，和后来的政治运动相比，此时的政法师生尚能坐在教室里学习政治理论，尚能在高强度的劳动后有学校特意关照的红烧肉吃，也算是不幸中之万幸了。

↑校牌前合影（1956年） ↑篮球场 ↑1954年大雪后，同学们
在当时的学院操场玩雪

↑20世纪50年代的宿舍楼 ↑20世纪50年代的食堂

犹记当年校园美
——20世纪50年代校园生活寻踪

↑1956级十班同学毕业前夕，219宿舍在教学楼前合影

↑校园全景图（祁志锐画）

↑20世纪50年代的校园文艺演出

↑1961年或1962年，全校性的文艺演出，　　　↑20世纪50年代学校运动队
　在礼堂表演合唱

犹记当年校园美[1]

——20世纪50年代校园生活寻踪

如今要说20世纪50年代的记忆，拥有这些记忆的大都是年逾古稀的老人了。这些历尽沧桑的老人，在他们二十岁左右的青春岁月里，来到当时刚刚创立的北京政法学院。其中有些人，甚至一辈子都和北京政法学院及后来的中国政法大学息息相关。在他们的记忆里，当时的大学生活又是什么样子？

充塞着20世纪50年代记忆的，首先是一波又一波声势浩大的政治运动。一系列运动对高等院校影响巨大。

然而，在这些运动的间隙，北京政法学院的师生依然以饱满的热情投入学习，投入校园建设和生产劳动。艰苦创业的师生们用自己的双手，建起了美丽的校园；以自己的勤奋和智慧，编出了第一批教材；用夜以继日的高强度劳动，参与建设了十三陵水库。而在学习和劳动之余，也有着丰富的课余生活。

1953年从华北人民革命大学调到北京政法学院的宁致远教授和他的学生，是第一批搬到海淀校区的师生。在宁先生的记忆里，那时候刚建好的校园周围非常荒凉，然而学校不远就是著名的燕京八景之一"蓟门烟树"，元大都的遗址土城也近在眼前。平常没什么事的时候，同学们都会爬到土城上去玩。傍晚的时候从高高的土城上向下望，四周都是炊烟，从散落于学院周围的农民家里飘出，十分宁静惬意。

而1956年来到北京政法学院的调干生何长顺（后来担任中国政法大学党委副

---

[1] 本文参考了宁致远先生口述回忆，采访时间：2011年5月13日；何长顺先生口述回忆，采访时间：2011年5月18日；倪才忠先生口述回忆，采访时间：2011年7月9日；严端先生口述回忆，采访时间：2011年7月24日；艾群："即将消失的老校园"，载《法大人》第16期，第18–31页。

书记）对于当年的校园生活，印象最深刻的则是学校在政治方面和思想作风方面的严格要求，所以北京政法学院的校风也比较好。对于整顿校园、打扫卫生之类的事情同学们都十分积极，刮大风的时候教师的窗户没有关好，也会有同学主动去关上，校园里有些不好的现象也会积极纠正。由于校园整洁有序，北京政法学院多次被北京市评为卫生先进单位。而这种风气的形成，一方面和学院领导都是革命干部有关，另一方面也因为这时候调干生多，党员也相对较多。学院的另一个特点是注重实践锻炼，因为实际工作能力强，学生们到了用人单位很受欢迎。

1956年考入北京政法学院的倪才忠（后来担任中国政法大学党委常委、纪委书记）是北京政法学院招收的第三届四年制本科生。这时候的北京政法学院已开始逐步向本科生教育过渡。倪才忠回忆说，从他们那一届开始，调干生和专修科学生越来越少了，本科生人数越来越多，本科教育成为主要教育方式。而给这三种学生上课的老师并没有不同，只是所安排的课程有所区别。

那时候上课时间的安排和现在差别不大，从早上8点开始到中午12点，总共4节课，每节课45分钟；下午从1点30分到4点；晚上一般不安排课，主要留给同学们自习。上课的内容学校事先就会安排好，但其时并没有完整而严密的"培养方案"。那时候也尚未有成型的教材，老师在上课前都会先印好讲义，在课堂上发给每一个学生。但这些讲义是保密的，只有老师有，学生完全不知道将要讲授的是什么内容。在课堂上，同学们根据老师所讲授的内容，不停地记笔记——用倪才忠先生的话说"就像是做笔记的机器，生怕漏下什么"。课外自习的时候主要是看这些讲义和笔记。

当年的校园不大，学生人数也不多——从面积和人数上都属于"袖珍大学"。正因为这样，那时候北京政法学院的同学们也不会觉得拥挤，上课、上自习也不需要像今天一样"占座"。倪才忠回忆说，那时候每个人的位置基本上是固定的。一般你这次坐什么位置，别人知道这个位子有人坐了，就很自觉地寻找别的座位，下次你来还是坐这个位置，并不会产生争抢座位的情况。而同学们平时用在自习上的时间是比较多的，课余生活中大部分时间都在自习，看讲义和笔记，看专业课的书，或者是图书馆里文学、外语之类的书籍。

　　食堂的伙食也是非常不错的。调干生有调干生奖学金，发放给工作3年之后考到学校来读书的同学，待遇和工作时的级别待遇一样。如何长顺先生，是工作5年之后考到北京政法学院的调干生，每个月就有25元的调干生奖学金。对于普通的学生，学校专门给贫困生发放补助。学校食堂的集体伙食每个月的伙食费是12.5元，同学们先用钱购买粮票，然后拿着粮票到食堂买饭。

　　食堂的开放时间有严格的规定，早上7点到8点，中午12点到下午1点，晚上5点到6点，若错过了开放时间，则有可能吃不上饭了。集体伙食每个人吃的都一样，到窗口递上粮票，食堂的工作人员就给你打上当天准备的饭菜。米饭是3两，外加一荤一素两个菜，不爱吃米饭的同学还可以吃馒头、窝头。据20世纪50年代的老校友回忆，那时候北京政法学院的饭菜还是很好的，有些做得比较好的菜，如"蚂蚁上树"，作为食堂的"保留项目"，非常受同学们的欢迎。

　　那时候同学们参加生产劳动很多，像劳动建校、建设十三陵水库、挖"小滇池"、东升人民公社的农业劳动等。有些劳动持续的时间长，在校外伙食又无法得到保证，回来以后学校就会特意给同学们准备红烧肉等比较好的饭菜，来补充营养。有些同学平时很节约，舍不得吃饭，到需要捐钱的时候就把平时攒下来的钱都拿出来捐了。辅导员看了就很心疼，把钱退给他们，让他们好好吃点东西，保证伙食。

　　在学习和生产劳动之余，北京政法学院的同学也有非常丰富的课余生活。那时候同学们也比较注意锻炼身体——因为要参加那么多的生产劳动，没有一个好的身体根本就不行，就没法"为社会主义建设做贡献"了。下午4点，一天的课程结束之后，同学们就来到运动场，跑步、打排球、打篮球。大冬天穿着背心到操场跑步，跑完步再冲冷水澡，在当时几乎成了一种潮流。

　　周末到来的时候，有些同学会继续到教室图书馆看书自习，也有些同学会出去玩。那时候流行跳交际舞，一到周末就有同学聚到一起跳舞。更常见的是看电影。学校每到周末就会放映电影，5分钱一场，主要放映革命电影，尤其是苏联革命电影。像《斯大林格勒保卫战》《列宁在十月》等经典影片，20世纪50年代过来的人大都耳熟能详。学校放的电影每周都不一样，一部电影都是在大学之间轮着放。有些比较好看的电影放过一遍之后，如果同学们比较喜欢，还会多放几遍。有的同学错过了某部电影，甚至会专门跑到别的学校看。

说到大学生活，不能不提恋爱问题。大学生谈恋爱，在当时是明令禁止的，一旦被发现有谈恋爱的情况，就会受到严厉的处罚。因此，当时没有人敢光明正大地谈恋爱。其时北京政法学院的男女比例严重失调，一个班三十多人中一般只有四五个女生。谈恋爱却在严明的纪律下悄悄萌芽，偷偷发展。但就算是在禁令不那么严格的情况下，谈恋爱也只能偷偷进行，因为当时的校园普遍认为谈恋爱不是什么好事。那些地下情侣们最多也就是在周末的时候相约到学校外面吃个饭、逛逛商场，或者在操场上散散步、聊聊天，不会特别招摇。严端教授谈到她和先生徐杰谈恋爱的时候就说，"当时我的同学们基本都看不到我们在一起，我们顶多也就是在图书馆看书的时候坐在一起"。

而校园里最美丽的景致，莫过于1959年同学们和解放军昆明部队的运动员一起建设起来的"小滇池"了。在上课劳动之余的闲暇时光里，学院的老师和同学们在"小滇池"的波光潋滟中度过了一个个日夜，迎来了一个个晨昏。

1958年来到北京政法学院的张蔼灿回忆道，"小滇池"是同学们课余时间最喜欢去的地方，每到周末都有三三两两的学生在岸边的垂柳和木槿花之间流连，或坐在湖岸上看书聊天，到了冬天还能在"小滇池"的湖面上练习滑冰。"下了课，徜徉在绿树果木间，一汪清水，假山亭台……到放寒暑假的时候人都走了，校园里没有了喧哗，静谧极了。真是田园秀美，风景独好！"而在那革命狂热的年代里，偷偷萌芽的人之常情也在"小滇池"的柔波里悄悄荡漾着。

如今，革命年代早已过去，这些当年青春年少的学生也在岁月的风霜中改变了模样。"小滇池"也干涸多年，在上面建起了高大的图书馆，[1]位于原学院路41号、今西土城路25号的北京政法学院老校区，正在以新的面貌迎接一届又一届的新生。时隔六十多年，尽管有政治运动，尽管在"三年困难时期"连饭都吃不饱，回忆却依然如此美好。

---

[1] 2013年，对该图书馆进行拆除，在原址建设教学图书综合楼。2020年，在原"小滇池"位置上建设的教学图书综合楼落成投用。

↑四川·"四清"工作组

↑巫昌祯参加"四清"运动

↑1965年10月，到蓟县渠口公社东梨园大队参加
"四清"工作组的法三同学合影

↑1965年上半年在河北省香河县搞"四清"

↑参加温江"四清"运动工作组

↑在广西参加"四清"运动

同吃同住同劳动
——"四清"运动点滴

同吃同住同劳动[1]

——"四清"运动点滴

1961年9月，中共中央批准试行《教育部直属高等学校暂行工作条例（草案）》（以下简称《高校六十条》）。《高校六十条》对于整风反"右"以来教育阵线上的失误进行了纠正，重新整顿了高等学校教育秩序。《高校六十条》否定了之前高校中劳动过多影响正常教学、排斥党外知识分子等做法，被称为高等教育的春天。《高校六十条》在各高等学校贯彻实施以后，学生重新回到课堂，认真学习的人多了，回到研究领域的人也多了，教学秩序得到了恢复和稳定。

北京政法学院也从之前的动荡不安中，逐步走向了稳定，此后数年，学院的教学秩序都相对比较正常。然而，在教学秩序趋于稳定的同时，全国性的政治运动并没有就此停止。

20世纪60年代初，在国民经济困难的同时，中国所面临的国际形势也日渐复杂。1962年以后，反对国际"修正主义"也逐渐转入对国内"修正主义"的批判。在这样的形势下，中共中央决定在全国城乡发动一次普遍的社会主义教育运动（以下简称"社教运动"），开展大规模的阶级斗争。[2]

这就是1963—1966年在全国范围内开展的城市"五反"运动和农村"四清"运动。所谓"五反"，是指"反对贪污盗窃、反对投机倒把、反对铺张浪

---

[1] 本文参考了倪才忠先生口述回忆，采访时间：2011年7月9日；何长顺先生口述回忆，采访时间：2011年5月18日；并根据苏炳坤先生回忆和核对的数据进行了修改。

[2] 中共中央党史研究室：《中国共产党历史·第二卷（1949—1978）》（下册），中共党史出版社2011年版，第714—719页。

费、反对分散主义、反对官僚主义"。所谓"四清",是指"清政治、清经济、清思想、清组织"。[1]

1964年,根据党中央、国务院关于组织高等学校文科师生参加社会主义教育运动的指示,北京政法学院的师生也参加了农村"四清"运动。

北京政法学院参加的"四清"主要在广西、四川和河北的农村。1964—1965年的第一批师生前往广西兴安县和四川的温江、乐山等地方。其中,去四川的温江、乐山两个地区的是政教系1961级(当时四年级)、政法系1962级(当时三年级)共400多名学生,加上教师和干部几十人,共500余人,带队的是院党委副书记徐敬之。去广西兴安县的是政法系1961级(当时四年级)、政教系1962级(当时三年级)共460名学生,加上教师和干部,共500人左右,由院党委书记、副院长刘镜西和院党委副书记郭迪带队。

1964年,学院参加"四清"工作队的人数达到了1062人,其中包括雷洁琼、曾炳钧、金德耀等老教授。为了加强对中南区"四清"运动的领导,学院在广西地区成立了"四清"临时指挥部,临时指挥部由鲁直、郭迪、刘少农、张子培、亓瑞华、郭巨三等组成。

1965年9月14日,学院组织师生530人,在党委副书记、副院长李进宝的带领下赴河北香河县农村参加"四清"运动。

在这两批次几个点的"四清"运动中,北京政法学院响应中央的号召,组织了大量的师生下到农村,搞了好几个月的运动,解决领导干部中存在的不良作风问题和经济管理方面的问题,对干部进行社会主义教育,"深挖修根",防止和反对"修正主义"。北京政法学院的师生们来到农村以后,学生们在当地参加劳动,许多老师也都下到生产队进行农业生产劳动。

老师和同学们带着自己的被子、衣服和生活用品,来到农村,和公社的社

[1] 1964年底至1965年1月中央工作会议制定的《农村社会主义教育运动中目前提出的一些问题》(即"二十三条")规定:城市社会主义教育运动的"五反"也改为"四清",统称为社会主义教育运动。中共中央党史研究室:《中国共产党历史·第二卷(1949—1978)》(下册),中共党史出版社2011年版,第719页。

员住在一起，每个社员家里住一个到两个学生。学校给每个人发了粮票，到了当地，师生将粮票交给社员，在社员家一起吃饭，并和社员一起劳动。这就是当时所谓的"同吃同住同劳动"。

当时的主要任务首先是下地干农活。由于多数学生是城市里来的，地里的庄稼活基本都不会。生产队就派了人专门来教学生们干各类农活，有时候甚至由公社社长来示范"教学"。干农活之余，就是调查农村生活了，主要是了解当地农村的生产、生活和治安状况，写成调查报告。每个人都会发一本《劳动手册》，同学们将每天做的事情记下来，到了一定的阶段由老师来核对，以此作为考核的凭证。一天的农活结束之后，同学们就各自拎着小椅子在社员家门口围成一圈，一起开会学习。有时候还要"访贫问苦"，就是到最穷的社员家里去，了解民情。

在农村里，师生们的生活是比较艰苦的，居住条件、伙食都和学校相差比较大。当时有严格的纪律，就是学院的师生绝对不能比社员吃得好。社员家里有豆腐，师生不能吃，只能吃窝头、咸菜。吃完饭，碗也要由自己来洗——连碗也是自己带来的。但是同学们都很能吃苦，什么样的困难都咬牙坚持了下来。那时候每天的工作时间相对比较自由，没有严格的规定。但是同学们都很自觉，调研完了就去地里劳动。到了吃饭时间一般是由社长或生产队长统一吹口哨，通知大家吃饭。有的同学就会把手里的活干完了再来吃饭。

据当时参加河北香河"四清"工作的何长顺先生回忆，那时候的条件的确是很艰苦。有一个同学住的社员家里的条件非常差，床就搭在牛棚的上面。牛干了一天活，晚上回来会蹭牛棚的墙壁，发出很大的声响，那个同学就好些天都没睡好觉。后来年级的老师知道了，就找到社员家里，问他："这个同学表现怎么样啊？"社员说："很好！"老师就说："很好的话那就给他换个睡觉的地方吧。"这样一来，那位同学才换了个好一点的地方睡觉。

到了后来，允许参加运动的师生自己开灶，就抽出几个老师来，每天专门负责做饭。如此一来，虽然还是吃大锅饭，但是师生们可以吃得比原来好一点了。住处也由原来的住在社员家里，变成集中住在生产队里面，各方面都有了很大的改善。

　　"四清"运动期间，学院大部分的师生都到各地农村参加运动，学院的老师和同学不仅帮助当地生产队将生产搞上去了，也从中得到了很大的锻炼。但是长时间在农村参加农业生产劳动，正常的学习必然受到影响，教学秩序也受到了干扰。同一时期，学院还在大兴天堂河建立了半工半读试点。很快，学院的师生们将迎来新的严峻考验。北京政法学院的曲折历程还远未结束。

↑大兴天堂河半工半读试点，教师在为
　1965级同学做播种示范

↑大兴天堂河半工半读试点，1965级同学
　在地里播种

↑大兴天堂河半工半读试点，1966级同学和
　农民编草帘子

↑大兴天堂河半工半读试点，1965级两名
　女同学推碾子

↑大兴天堂河半工半读试点，1965级同学
　邀请劳动模范作报告

↑大兴天堂河半工半读试点，1965级值班
　同学吹起床号

↑大兴天堂河半工半读试点，1965级同学集体读报

半工半读的苦与乐
——在大兴天堂河的日子

↑大兴天堂河半工半读试点，1965级同学参加斗争会

半工半读的苦与乐[1]

——在大兴天堂河的日子

　　1964年秋，根据最高人民法院和高等教育部指示，北京政法学院作为试点单位，在各院校中首先实行半工半读，学制为4年。在4年中参加生产劳动、"五反""四清"、业务实习的时间为2年，课堂教学时间亦为2年。1964年10月，学院制订了新的教学方案，即《北京政法学院半工半读教学方案》。该方案指出，在教学工作中要以毛泽东思想为指针，各门功课要以毛主席著作和党的方针、政策为基本教材，把教好、学好毛主席著作摆在教学工作的首要地位，并进行必要的语文与政法业务基本知识的教育。

　　实际上，由于1966年以后的形势变化，北京政法学院的半工半读试点只进行了短短的4个月就停止了，这一教学方案并没有得到落实。

　　经过两个月的紧张筹备，1966年2月8日，北京政法学院的师生们来到了位于大兴天堂河罗奇营村的半工半读试点基地。参加半工半读的学生主要是1965级的本科生。学院从1965级10个班中作了一定调整后抽出5—10班这6个班的学生参加半工半读，其余4个班的学生则留在学校继续进行全日制学习。每个班有40个人左右，加上党总支和办公室的工作人员、教学人员、辅导员和炊事员，全部师生共有280个人左右。

　　这6个班后来也被称为1—6中队，所有的同学被分成两个大班（5班、6班、7班和8班、9班、10班），按周一、三、五和周二、四、六轮换进行上

---

[1] 本文参考了苏炳坤：《对半工半读的回忆》，文字材料现存中国政法大学档案馆。苏炳坤，中央政法管理干部学院原党委副书记兼纪委书记。

课，不上课的时间则进行生产劳动或社会工作。教师、管理干部和辅导员则被分别编入各班之中，与同学们同吃同住同劳动。

在罗奇营村，划给北京政法学院作为基地的是该村村边的一大片沙荒地，是由天堂河农场三分场划给我们的。这片荒地总共230亩，带有一口机井，学院的老师和同学们就在这片荒地上，开始了"开荒种地"的半工半读生涯。实际上，称为"半工半读"也是不十分准确的，当时所谓的"半工半读"是指在厂矿企业建立起来的学校，北京政法学院的试点应该是"半农半读"。

刚开始，学院的师生们都是分散住在当地的农民家里。学校借用了农民的房子自己开办了食堂，用芦苇席搭建起了棚子，既用作饭厅，也是上课和开会的地方。上课或者开会的时候，同学们就每人拎一个小马扎，坐在棚子里面听。后来学校在村里建起了饭厅和澡堂，才算是有了自己遮风挡雨的地方。然而房子建好以后不久，由于形势急剧变化，全体师生撤回学校。

那时候的条件是非常艰苦的。在这一片荒芜的沙地上，一刮风就满天飞沙，让人睁不开眼睛，沙子打到脸上甚至会感到疼痛。为了对付风沙，学校给每个人都配了一个风镜，一到刮风的时候就得戴上。由于是在芦苇棚里垒灶做饭，风沙一来，蒸出来的馒头、窝头表面都会蒙上一层沙子。

在如此艰苦的条件下，学校的师生也没有退缩，用坚强的毅力和勇敢的精神解决了一个个难题，坚持了下来。师生们来到天堂河的时候，正值全国掀起学习焦裕禄事迹的热潮。在焦裕禄领导兰考人民与风沙等灾害作斗争的精神鼓舞下，半工半读的师生们"以社会为课堂"，艰苦奋斗，一边学习一边在沙地上种植各种作物，进行农业劳动。

在这片沙地上，他们种了高粱、玉米、水稻、花生、西瓜、白薯等作物。没有肥料，就到一两里地以外的青年水库干涸的库底挖淤泥增肥。沙地上独轮车推不动，就用竹皮编成竹排铺成路。庄稼种上了，但是一刮风沙子就把庄稼埋在下面，大家就用手将沙子扒开。后来又想出了一个办法，就是用秸秆搭起风障以阻挡风沙。

由于当时北京政法学院的同学都是按照"绝密专业"的政治条件来录取

的，几乎全部都是党员、团员，许多同学在中学时就是学生干部，政治觉悟都很高，在"教育为无产阶级政治服务、教育与生产劳动相结合"的教育方针的指引下，以高昂的政治热情投入高强度的劳动而毫无怨言。其中还有相当一部分同学来自农村，在家里也干过农活，多少都具备一些农业知识和劳动技能。大家就在相互帮助和互教互学之中逐渐提高，不断进步。看到沙地里的庄稼一天天成长，大家都非常高兴。

↑ 在农田里劳动

除了劳动，学校还安排同学们在村里搞社会调查，"访贫问苦"，做一些社会工作。

短短4个月的"半工半读"，对于北京政法学院的师生而言，学习的时间减少了，参加的劳动增多了。当时认为，"两种劳动制度和两种教育制度的改革，是对我国社会经济体制进行改革的一次有创见的试验"，"从当前讲，这个办法（半工半读）可以普及教育，减轻国家和家庭的负担。

↑ 劳动间隙学习

↑ 听村民讲述

从长远讲可以逐步消灭脑力劳动和体力劳动的差别"。因此，许多高等院校都进行了"半工半读"试点。

从高等院校办学育人、培养人才的角度来说，半工半读对于学院的正常教学活动形成了一定的干扰，这当然不是一个正确的发展方向。然而在4个月的劳动和社会工作中，师生们深入当时农村的实际当中，了解了农村中存在的问题，并接近了工农群众，亲身参与了农业生产，他们对于现实问题有了更深刻的认识。在社会的大课堂里，在艰苦的环境下，200多名老师和同学接受工农群众的教育，培养了热爱劳动、热爱劳动人民的思想，树立了为人民服务的观念，每个人也都有一定的收获和提高，不失为一次有益的锻炼。

中共最高人民法院党组

法组〔1979〕25号 　　　　　　　　签　发：郑绍文

北京政法学院：

　　六月七日中共中央组织下（79）干任字149号通知，中央同意曹海波同志任北京政法学院党委书记兼院长。现通知你院，并在全院宣布。

　　　　　　1979年6月21日

抄送：中共北京市委、教育部、公安部、最高人民检察院、西南政法学院、西北政法学院、华东政法学院

↑1979年6月21日任命曹海波为北京政法学院党委书记兼院长的文件

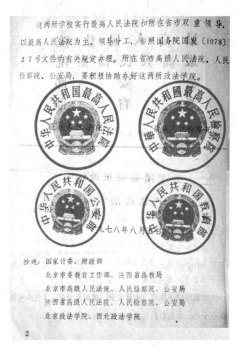

↑ 1978年8月5日，最高人民法院、最高人民检察院、公安部、教育部联合下发《关于国务院批准恢复北京、西北政法学院的通知》（首页）

↑《关于国务院批准恢复北京、西北政法学院的通知》（尾页）

阔别 6 年再聚首
——北京政法学院的复办

阔别 6 年再聚首[1]

——北京政法学院的复办

在我国社会主义建设初期的曲折中，国民经济和其他各项工作遭到了严重的破坏，政法机关和政法院校也受到了很大影响。1970年，北京政法学院被撤销。

1976年10月，"四人帮"被一举粉碎，一大批冤假错案渐次得到平反，国家重新回到正常的轨道上来。1978年五届全国人大正式通过新宪法，随后恢复了最高人民检察院和各级检察机关，重建了中华人民共和国司法部和各级司法行政机关，政法工作也逐渐恢复正常。1978年4月24日至5月22日，第八次全国人民司法会议召开，正式提出"加强民主法制建设，培养司法人才"。自1966年至1976年的十年中，公检法机关受到了严重的破坏，公检法机关工作人员也深受迫害。粉碎"四人帮"以后，国家司法机关的重建面临着司法人才明显不足的困难。恢复重建被撤销的政法院校，培养国家急需的政法人才，也就迫在眉睫。

在这样的情况下，北京政法学院的复办也就成了题中应有之义。1978年7月6日，在征得北京市委同意后，由最高人民法院、最高人民检察院、公安部、教育部联合向国务院提交了《关于恢复北京、西北政法学院的请示报告》。报告中说："遵照中央批转的《第八次全国人民司法会议纪要》中关于'恢复政法院系，培养司法人才'的指示，我们就如何恢复政法学院的问题进

---

[1] 本文参考了何长顺、赵克俭、宁致远、倪才忠、严端、梁淑英等人的口述回忆；何长顺先生提供的回忆材料，现存于中国政法大学档案馆。

行了认真的讨论。大家一致认为，中央的这一指示，对于改变当前政法干部青黄不接的状况，贯彻新宪法，加强社会主义民主法制建设，更好地实现新时期的总任务，意义十分重大，我们必须坚决照办。"[1]

该报告对于北京政法学院的恢复提出了具体意见：复办后的北京政法学院仍用原来的校舍，学制为四年，在校学生规模为1600人，面向全国招生。对于被北京市文化局所属单位占用的部分校舍，北京市委同意撤出。学院原来的教师和干部都已在其他单位工作，根据教学需要，调回一批教学骨干。所属的封存于首都图书馆的图书资料，也全部收回。

为了加快北京政法学院的复办工作，根据上级部门指示，以北京政法学院留守处领导小组为基础，成立了北京政法学院筹备领导小组。领导小组由刘镜西、戴铮、李进宝、郭伦、赵先、沈兰村、曲文阁等同志组成。筹备领导小组成立后，开始了艰苦的复办工作。

复办筹备领导小组的首要任务，就是解决三大问题：（1）如何调回分散在全国各地的原北京政法学院教师和干部；（2）如何收回在北京政法学院撤销后被其他单位占用的校舍；（3）如何收回上交到首都图书馆的图书资料。图书资料的收回相对容易许多，当时全部封存在首都图书馆，只要派人取回就行了。校舍和人员的回收则成了复办筹备时期的主要难题。

由于北京政法学院被撤销，校园内先后迁进了北京市第174中学、北京戏曲学校、北京歌舞团、北京曲艺团等单位，操场也被占用盖起了楼房。昔日景色优美的北京政法学院校园已经是人去楼空，面目全非。在北京市有关部门的大力支持和积极推动下，其中北京市第174中学占用的教学楼全部退还。但是，到1979年学院开始招生时，全院原有建筑面积34 000平方米中，归北京政法学院使用的仅有15 000多平方米，学生食堂、礼堂等仍被北京歌舞团、北京曲艺团等占据，校园面积由原来的300多亩缩小到150亩左右。

---

[1] 据何长顺先生提供的回忆材料，现存于中国政法大学档案馆。报告原件现存于最高人民法院文书档案室。

1972年北京政法学院在安徽的干校结束后，人员就地分配，除极少数留在北京和少数在北京自谋职业找到工作的以外，大部分都在安徽分配。由于报告中提出的是"根据教学需要，调回一批在京的教学骨干"，在京的其他人员和分散在外地的教师问题也就无法得到解决。

复办筹备领导小组就这个问题分别到北京市委和中央组织部进行协商，研究这两部分人员的调回问题。经过协商，北京市委提出"凡是在京工作的同志，只要愿意回学校的都可以回去"。这样，在京人员除本人不愿意调回的，基本上全都回来了。而对于分散在外地尤其是安徽的教师和干部，由于北京市严格的人口控制政策，要调回来则十分困难。根据中央组织部的意见，外地人员中原来是教师的调回；原来不是教师的在外地当了教师也可以考虑调回；还有一部分原来留校准备作为后备师资力量的也要调回。最终，除本人在外地安家落户、工作安排适当、本人不愿意回来的之外，大部分的同志也都回来了。截至1979年北京政法学院招生前，共调回教师干部180多人。

经过十年变迁，北京政法学院的一切都已经面目全非。从1971年下放到安徽濉溪五铺农场，再次归来的"法大人"阔别学校已经8年。许多人已经从事了新的职业，在外地艰难谋生；或颠沛流离，数年之中干过数种营生。几乎所有人都放弃了原来的专业，不再进行法学研究，无法从事法学教育，荒废了学术生涯中十分宝贵的一段时光。

1957年被打成"右派"的江平先生，最初被分配在安徽省的宿县师范学校。由于户口还在北京，江平就希望能够在北京找到新的工作。然而由于"摘帽右派"的身份，屡次碰壁而投奔无门，最终来到远郊区延庆县教英语、教政治，在延庆待了六年半时间。后来经过努力调到北京外国语学校教英语——半年之后，北京政法学院复办，江平才终于调回学校。

赵克俭先生在干校结束后则被分配到了安徽芜湖，在泾县革委会宣传组给县里的干部搞理论辅导，后来又"自谋职业"找到了一个工作，在张家口铁路中学工作了好几年。

宁致远先生同样被分配在安徽芜湖。由于家人都在北京，他决定在北京自谋职业。当时刚好有个学生在延庆教育局工作，就将他推荐到延庆教书。据宁先生回忆，当时来到了延庆县教育局，局长问："你是'右派'吗？"答曰不是。局长又问："你们那边还有什么人？"宁致远说："还有一个外语老师你们需要吗？他叫江平。"就这样，宁致远先生和江平先生一起来到延庆，当起了教师。宁致远先生在延庆师范学校担任语文教师，度过了六七年的艰苦生涯。

其他还有像梁淑英老师，后来被分配到中国医学科学院药物研究所。倪才忠老师被分配到合肥中医药大学做人事组织工作，在那里的几年时间里，孩子都开始上小学了。严端老师则通过大学同学找到北京师范大学印刷厂的工作，做校对。"右派"的身份使严端老师无论从事什么工作都兢兢业业，以至于闻知北京政法学院复办的时候印刷厂还极力挽留——假若继续留在印刷厂，时至今日将不会有北京政法学院法学教授严端，而是北京师范大学印刷厂优秀"校对"严端了。

在时代的浪潮之中，在人生的低谷之地，他们没有被磨灭，随着北京政法学院的复办，优秀的法大人将迎来新的春天。

↑学生考试

↑海淀校区老图书馆，今已拆除，在原址新建科研楼

↑海淀校区东门旧貌

↑同学们在上课

↑同学们向老师请教问题

↑同学们在老师的指导下对照实物练习俄语
会话

↑校园一角

校园里的"联合国"

校园里的“联合国” [1]

北京政法学院的复办是艰辛的，在国务院批准关于北京政法学院复办的报告后，北京政法学院复办筹备领导小组便立即着手各项工作。而在纷繁复杂的筹备事务中，校舍的回收可能是最为棘手的工作。

自1970年北京政法学院撤销后，校园内先后迁进了北京市第174中学，北京戏曲学校、北京歌舞团、北京曲艺团、北京市文化局读书班等单位，大部分校舍都被这些文化单位（主要是北京市文化局下属单位）占用，作为他们的教室、宿舍和排练场所。据舒国滢教授回忆，当时北京歌舞团占据了2号楼、5号楼和礼堂，北京曲艺团占用了6号楼，北京戏曲学校占用了3号楼和联合楼，北京市第174中学在4号楼和教学楼里面办学，食堂则变成了大练功房。这些单位来了以后还在院内的空地上新盖了楼房，如北京市第174中学在操场上盖起了房子，文化局所属单位盖起了两座家属宿舍楼。

这已经不再是当年那个美丽而安静的校园了。昔日波光粼粼、湖面开阔的“小滇池”早已干涸，长出一人多高的乱草。20世纪60年代师生们用自己的劳动建设起来的游泳池也不见了，宽阔的大操场上也盖起了楼房。当年面积虽小却紧凑美丽、绿树成荫的校园如今已是杂草丛生，荒芜残败，目光所及处是破碎的瓦砾和坑洼不平的道路，实在令人不忍目睹。

走在校园里，随处可见的是敲鼓、拉二胡的老人，踢腿练功的小孩，还

---

[1] 本文参考了舒国滢：“小月河边，有一所大学叫政法”，载舒国滢：《思如浮萍》，中国政法大学出版社2007年版；杜新丽：“79级法科生的政法往事”，载《法制日报·周末》2009年9月11日，第16版；及何长顺、张廷斌、赵克俭等人的口述回忆。舒国滢、杜新丽，均为中国政法大学教授，为北京政法学院恢复招生后的第一届本科生，即1979级本科生。张廷斌，中国政法大学原副校长。

有三三两两昂首挺胸迈着舞蹈步的少男少女。耳边充塞着的，则是戏校学生的"唱念做打"、歌舞团演员的"引吭高歌"和曲艺演员的"京韵京腔"……

复办前夕，最高人民法院、最高人民检察院、公安部、教育部《关于恢复北京、西北政法学院的请示报告》中提出，"北京政法学院已商得北京市委同意，仍用原校舍"，北京市委也同意文化局等所属单位撤出占用的校舍。北京政法学院复办筹备领导小组成立以后，与北京市有关部门及以上单位进行了艰苦的谈判，力求恢复原有的校舍。根据中央的要求，北京市政府承诺支持北京政法学院的复办工作，先后将以上单位占用的部分校舍退还。在北京市有关部门的大力支持和积极推动下，其中北京市第174中学占用的教学楼全部退还。

然而，截至1979年开始招生的时候，北京政法学院也只要回了宿舍楼1号楼、小食堂和教学楼的部分楼层。全院原有建筑面积34 000平方米中，归北京政法学院使用的仅有15 000多平方米，学生食堂、礼堂等仍被北京歌舞团、北京市曲艺团等占据，校园面积从原来的300多亩缩小到150亩左右。

而其余被占用的地方则归这些单位继续使用。1979年复办后首届400多名学生到来的时候，就不得不每天在鼓瑟吹笙、歌舞阵阵中开始他们的学习。1979级的学生是1979年的夏天招收的，原定9月份入校，由于校舍的问题没有解决，一直推迟到10月20日才到学校报到。据赵克俭老师回忆，好几个月的时间里，学校一直在和这些占用校舍的单位协商，让他们把房子腾出来，费了九牛二虎之力，才要来了一部分。学生来了只有1号宿舍楼，不够住，就把图书馆阅览室腾出来作为学生临时宿舍，放上许多双层的铁床，一个大阅览室住84名学生。这样才勉强解决了住宿问题。

上课也是一个大问题。有了教室，却没有桌椅板凳。学校就给学生每人发一个小马扎，拎着去教室上课，双腿便是书桌。没有地方开全校大会，就只好在楼道里听广播。我们的学生要早读，他们在那边练嗓子；我们要上课，他们则在楼下敲锣打鼓，好不热闹。各种各样的声音在小小的北京政法学院校园里此起彼伏，交相轰鸣。"即使是江平教授那样洪亮的声音，也被淹没在嘈杂的锣鼓声中。"[1]

为了改变这种混乱的情况，在中国政法大学成立后，常务副校长甘绩华有一次就在北京市委开会的时候跑上主席台，请北京市指定一位领导分管我们学校。北京市专门派了副市长封明为来到学院路校区，他亲自察看了6号楼并指出要特别注意火灾隐患，然后他又察看了校园多处的混乱情况，在召开会议时说了这么一句话："我没想到北京还有这么一所大学，这么困难的条件。"针对校园内的混乱状况，封明为立即召集海淀区有关部门、北京政法学院和当时还占据校舍的单位，共同成立了一个管理小组，由张廷斌副校长任组长，海淀区副区长和其他各单位各出一个人来协调管理。当时学校没有大门，车辆可以随便通过，封明为责令海淀区交通队把若干交通标志都搬到学校里来了，可见当时的混乱情况有多么严重。

为了解决校舍被占的问题，学校领导找过当时的副市长张百发、主管文教的副市长陈昊苏，以及北京市教委的主任等。在反反复复的奔波之中，被数家单位分割占据的校舍终于慢慢地要了回来。然而，一直到今天，还有许多校舍无法要回，如北门外的几幢高楼和三幢居民楼，以及作为北京市文化局家属楼的文化楼——直到近年，学校还在为文化楼的搬迁问题想办法。

这样的校园，不要说和北京大学、清华大学、武汉大学相比，就是和近在眼前的学院路上八大学院的任何一个学校相比，也是相当狭小简陋的。而1979级的400多名学生，从全国各地满怀热情地考到北京，期待着在这个"中国法学教育的最高学府"学习深造。当他们迈进这个狭仄而杂乱的院落的时候，心里又是如何的震惊和失落！这样的状况又何尝不是中国法治发展进程的一个真实缩影。中国的法治建设和复办的北京政法学院一样，一路走来，几多艰辛。

幸运的是，基础还是有的。北京政法学院重建的基础，则是那些在历次运动中饱受苦难的老师们。在复办后，他们从全国各地历尽艰辛回到北京政法学

---

[1] 舒国滢："小月河边，有一所大学叫政法"，载舒国滢：《思如浮萍》，中国政法大学出版社2007年版。

院，回到他们所熟悉的校园和讲台，重新开始作育英才。幸运的是，北京政法学院的学子也是吃得了苦耐得住寂寞的。来自全国各地的青年学子在将近十年的时间里无学可上，好不容易恢复高考有了上学的机会，都十分珍惜能够坐在明亮的窗下读书的时光——即便窗外是锣鼓喧天载歌载舞。

为了能节省出教学空间，当时学校的领导们都挤在临时的地震棚里办公，这种情况一直持续到1984年后。正是在这样艰苦的条件下，1979级的同学们发奋读书，"一点儿没有影响师生对孟德斯鸠、卢梭思想的研究和探讨以及对中国法治建设的思考"，[1]并涌现出了大批杰出的人才。

1979级毕业生、现为学校国际法学教授的杜新丽在回忆当年的求学时光时不无调侃意味地说道："虽然校园不完整，但也有好处呀，1979级同学都知道当时想睡懒觉可不容易，因为戏校的学生早早就起来练功了，咿咿呀呀吊嗓子的声音逼着你下床用功，稍有偷懒念头的也会羞愧难当——那么小的孩子都知道起早用功，何况我等肩负祖国法治建设重任的学子们呢！"[2]

舒国滢教授则这样回忆当年那个校园里的"联合国"："或许正是因为这并非清静的声音在思念中一直不曾停歇，我们这些'北政一期'的学生注定不会像曾经在'未名湖畔''水木清华''珞珈山麓'，甚或'歌乐山下'念书的学子那样对'清静'有来自心底的体认。在大学的生活中，学生们记忆尤深的不是读书和思考的快乐，而是与戏校、歌舞团和曲艺团的锣鼓响动一起构成'狂欢'的激越场景……"[3]

1983年，中国政法大学在北京政法学院和中央政法干校的基础上成立，并在以后的几年选址昌平建设新校区，从此开始了法大师生的两地奔波。而位于原学院路41号、如今的西土城路25号逐渐变化的老校址，在小小的校园里依然能够看见当年校舍被分割占据的遗迹，这成了一代法大人抹不去的记忆，也见证了改革开放后一代法学精英的成长。

---

[1] 杜新丽："79级法科生的政法往事"，载《法制日报·周末》2009年9月11日，第16版。

[2] 杜新丽："79级法科生的政法往事"，载《法制日报·周末》2009年9月11日，第16版。

[3] 舒国滢："小月河边，有一所大学叫政法"，载舒国滢：《思如浮萍》，中国政法大学出版社2007年版。

↑1979年10月24日复办后开学典礼，最高人民法院院长江华、最高人民检察院副检察长王甫、司法部副部长李运昌等领导莅临，曹海波院长主持开学典礼

↑北京政法学院党委书记、院长曹海波　　　　↑最高人民法院院长江华
　　在1979年开学典礼上讲话　　　　　　　　在1979年开学典礼上讲话

"马扎精神"和79级英才

"马扎精神"和79级英才[1]

当今天位于学院路校区的法大学子感慨校园的狭小时，可能无法想象30多年前79级的师兄师姐们进入这个校园时的心情。

假如时光倒流30年，出现在你眼前的是这样的景象：学校没有大门，校舍也只收回了一幢宿舍楼（1号楼），一个小食堂和教学楼的一部分。学校其余的校舍则继续归北京市第174中学、北京戏曲学校、北京歌舞团、北京曲艺团等单位使用。每天必须穿梭在拉胡琴的、跳舞蹈的、说相声的演员之中，和北京市第174中学的中学生们相遇在拥挤的教学楼里……

就是在这样的环境中，复办后的北京政法学院的首届本科生403人、研究生35人来到了这个校园开始他们的学习生活。这400多名学生，在进入北京政法学院残破混乱的校园时，不得不在锣鼓喧天、说学逗唱声中进行学习，全院原有建筑面积34 000平方米中，归北京政法学院使用的仅有15 000多平方米，学生食堂、礼堂等仍被北京歌舞团、北京曲艺团等占据，校园面积从原来的300多亩缩小到150亩左右。

由于校舍无法收回，本该在9月份就入学的79级学生，一直延迟到10月20日才来到学校报到——已经是实在不能再往后拖了。当时的办学条件是今天无法想象的：宿舍不够住，学校就腾出图书馆阅览室作为临时宿舍，一个宿舍住84名学生；教室没有桌椅，就每人发一个小马扎，拎着去上课，双腿就是桌子；没地方开全校大会，就站在楼道里听广播。整栋教学楼几乎没有一块整玻

---

[1] 本文参考了中国政法大学79级校友杜新丽、侯喆、张和伏、李显冬、任学良等人的回忆文章。

璃，窗户都是用三合板钉着的，而且还是和北京市第174中学共同使用！没有

正式的教材，所有教材都是学院的老师们自己编写并由学校印刷厂铅印出来的。由于澡堂和礼堂被占用，四年之中同学们不得不远赴西直门外洗澡，到新影礼堂、冶金礼堂看电影。

1979年10月24日，复办后的北京政法学院在冶金建筑研究院礼堂举行了第一次开学典礼。全院师生员工800人参加了典礼。彭真同志向学院全体师生致意祝贺。开学典礼由曹海波院长主持，最高人民法院院长江华同志、司法部副部长李运昌同志先后讲话。最高人民法院副院长王维刚、何兰阶，最高人民检察院副检察长王甫，副检察长陈养山及民政部有关领导同志出席了会议。

在这一串显眼的头衔和姓名的背后，是这样的一些细节：由于学校礼堂依然被北京歌舞团占用，学校只能租用冶

↑79级学生开学

金建筑研究院礼堂来举办复办后的首届开学典礼。由于座位不够，79级的同学们每个人都拎着学校发的绿色小马扎排着队来到校外的这个礼堂参加开学典礼。

校园是如此简陋而杂乱，条件是如此艰苦，尽管心里也有失望，也有疑问——著名的法学高等学府就是这个样子吗？然而来自五湖四海各行各业的同学们却精神昂扬、一心向学。

在这400多人中，有人来自工厂，有人来自农村，有人来自部队，有人来自基层机关，真正的应届高中毕业生并不多。当时学生中的应届高中生最小的才15岁，年龄最大的同学下乡10年已年近三十，相差将近15岁。经过十年的压抑和苦闷，好不容易有了上学的机会，等来了期盼已久的恢复高考，大家都十分珍惜坐在窗前读书的时光。对知识的渴求，对法学的热爱，对法治理想的追求，以及对改变个人命运的急迫愿望，使79级的同学们自觉地发奋学习。

79级的学生侯喆回忆起当年的开学典礼时，依然是热血沸腾："虽然我们坐在小马扎上很不舒服，但是院长的讲话却使我们每一位同学振奋，'我国将来的法官、检察官、律师都将从你们这里走出，你们将成为国家的栋梁……'这一天我终生难忘，这一天也是我人生的转折点，这一天也是我在法律的殿堂遨游的开始。"[1]

79级同学的勤奋好学是出了名的，给当时的老师们都留下了深刻的印象。清晨，东方刚刚露出第一缕曙光，同学们就在戏校学生咿咿呀呀吊嗓子的声音和音色各异的琴瑟锣鼓的交响轰鸣中醒来，到小月河边、在校园里的各个角落里晨读。在嘈杂的人声和各种乐器的伴奏下，同学们背单词、学英语，开始一天的学习生活，朗朗的读书声和周围的歌声、乐器奏鸣交织在一起。

上课则基本上是人手一个马扎，来到教室里一坐就是一天。经常是老师在课堂上慷慨激昂地讲解法学的深奥理论，窗外却突然传来震天的锣鼓声。老师也只好会心一笑，提高声调继续讲课。到了晚上，教学楼二楼一角的小小阅览

[1] 侯喆："我的大学生活"，载《中国政法大学校报》总第650期（2009年10月13日），第4版。

室成了同学们心中的圣地，也是经常人满为患、无法奢望的一个地方。在每一个教室里，同学们都在埋头读书，一片寂静而严肃的学习氛围促使每一个人都不禁紧张起来，自觉加入这支寂静的读书大军中。

79级的张和伏直到今天还清楚地记得学生时代的生活："8点，400名同学聚集在两间大教室里，带着50年代苏联时代的教科书聆听老师的授课，那时没有上课点名，我们也不懂得什么是逃课。现在想来，那时我们的确是只知读书，把心思都用在了学习上。"

侯喆则回忆道："我们79级的同学一天就是三个点一条线，即教室、食堂、宿舍（因为没有图书馆，教室、图书阅览室都在教学楼里），四年的大学我只是去过一次十三陵，还是班里组织的活动，我所知道的公共汽车就是22路、16路，去得最多的就是北太平庄，天天就是学习、学习。"[1]

同样是79级本科生的任学良对于当年人手一个、上课必备的马扎有着深刻的印象："更让我们终生难忘的是当我们上第一堂课的时候，我们每人拿着一个马扎走进大教室（6个班一起上课），以后几年马扎伴随着我们一起走过。"

复办以后，随着思想的解放，在调回北京政法学院原有骨干教师的基础上，课程设置也和20世纪60年代大有不同，基本上摆脱了政治运动和"左倾"的阴影，课程体系更加科学合理。学校还根据教学需要，有计划地开设讲座，介绍国内外法学研究动态、司法工作经验、经济建设的发展和现代化科学技术知识，由学生自由选听。而学校的培养目标也从复办时的"培养德、智、体全面发展，又红又专的司法工作以及法学教育和法学理论研究的专门人才"，变成了"培养坚持四项基本原则，掌握比较系统、全面的法律知识，能从事政法实际工作、政法教育和法学研究的德、智、体全面发展的专门人才"，这明显地摆脱了政治运动遗风，回归高等教育正轨。

时值改革开放起步之时，禁锢多年的思想开始得到解放，封闭多年的中国

---

[1] 侯喆："我的大学生活"，载《中国政法大学校报》总第650期（2009年10月13日），第4版。

也终于开始"睁眼看世界"。"左倾"的错误得到纠正，"以阶级斗争为纲"的年代已经过去，大规模的法律制定也列入了议程，新中国的法学研究和法学教育总算又走到了正常的轨道上来。在这样的情况下，尽管这时候的招生依然是按照"绝密专业"来进行政治审查，同学们却已经能够接触到更多曾被禁锢过的思想、更多曾被批判过的法学理论。在一定程度上可以说，79级的学生是北京政法学院建院以来接受法学教育最系统最完整的一届学生。

而此时，曾被打成"右派"、遭到贬斥和下放安徽的一批老教授及当年风华正茂的青年教师，又重新站上了讲台，讲授他们曾被废弃多年的法学理论，再次绽放出学术和思想的光芒，也使79级的同学们得到了质量很高的法学系统化教育。

曾炳钧、朱奇武、汪瑄等毕业于国外名校的老教授以带研究生为主，但时不时会给本科学生做个讲座，"偶尔冒出来的流利英语听得我们目瞪口呆，也激励着一些同学发奋补习英语"。[1]声如洪钟的江平先生则不仅以丰富的知识、深入浅出的讲解获得了同学们的欢迎，也以其独特的人格魅力影响了一大批青年学子。民法的张佩霖、国际私法的吴焕宁、刑法的曹子丹、刑事诉讼法的陈光中，被同学们称为"四大才女"的巫昌祯、薛梅卿、严端和孙丙珠，以及马克思主义理论的刘圣恩、宋振国、邬名扬……这样的师资队伍，不但使79级的同学们学到了知识，开阔了眼界，也让他们体会到了法学的魅力。

在那个校园被分割占据宛如"联合国"、宿舍楼冬冷夏热几乎无法忍受，甚至在几年的时间里拎着马扎上课的年代，79级的同学们发奋努力，在一大批名师的指引下刻苦学习，终于造就了中国政法大学办学史上的一个独特的"北政一期"现象。这一批400多名学生，既是北京政法学院复办后的第一批学生，也是中国政法大学成立后的首届毕业生。他们在毕业后的几十年中，投入国家建设的各个领域，或治学教书，或为官从政，或下海经商，在各个领域取

---

[1] 杜新丽："79级法科生的政法往事"，载《法制日报·周末》2009年9月11日，第16版。

得了令人瞩目的成就。其中尤以奋战在中国法治建设领域，任职于中央纪委、中央政法委、全国人大及法院、检察院、司法行政系统、公安系统和各大法学院校的79级英才为最多。作为法治建设的中流砥柱，他们为改革开放以来的法治进步做出了杰出的贡献，同时也是母校的骄傲！

↑新校奠基典礼

↑新址开学典礼

↑江平先生为校报500期题词

风格进文属改进文属更上

谨贺校刊创办五百期

江平 二〇〇五年三月

厚德载物

明法治世

张晋藩 二〇〇五年

↑张晋藩先生为校报500期题词

校报的成长轨迹

校报的成长轨迹[1]

在北京政法学院的历史上，最早的刊物应属1954年创刊的《教学简报》。当年10月9日，作为全校性学习指导刊物的《教学简报》正式出刊。《教学简报》是一份以配合教学工作、反映教学情况、交流教学经验为宗旨的内部刊物。作为北京政法学院的第一份出版物，初期的《教学简报》不仅起到交流教学经验的作用，在《北京政法学院院讯》出版之前，还起到传达学院教学方针和学院工作各方面信息的作用，使全院师生和社会及时了解学院的动向，在一定程度上承担了校刊的职能。

1957年2月27日，北京政法学院校刊《政法院讯》创刊。《政法院讯》作为学院的第二份刊物，其主要作用是宣传和贯彻党的教育方针政策和学院党委的决议，推动学院中心工作的开展，是全校师生进行思想政治教育、交流教学科研经验和学校其他工作经验、活跃校园文化氛围和丰富校园生活的主要载体。《政法院讯》创刊后，《教学简报》及后来的《政法教学》就不再刊登学校一般工作的内容，而向纯理论性刊物发展。

在创刊之后的几十年时间里，校刊历经两次停刊，两次复办，四次改名，最终发展到现在的《中国政法大学校报》。

1960年，《政法院讯》停刊，1965年经北京市委批准复刊，改名为《北京政法学院校刊》。1966年后，校刊被迫停办。北京政法学院复办以后，1981年5月25日，《政法院讯》也恢复办刊。1983年，中国政法大学正式成立。1983年6月

---

[1]　本文参考了中国政法大学校报原主编徐德山先生的口述回忆；中国政法大学校史编写组编著：《中国政法大学校史》，中国政法大学出版社2002年版。

7日，《北京政法学院校刊》也更名为《中国政法大学校讯》正式发行。1987年12月1日，《中国政法大学校讯》改称《中国政法大学校刊》。2001年4月10日，《中国政法大学校刊》改名为《中国政法大学校报》。

1957年《政法院讯》创刊后，为提高校刊的质量，加强对校刊的领导，学院专门组成了校刊编委会，由学院党委副书记李进宝担任主任委员，雷洁琼、赵吉贤任副主任委员，委员有司青峰等13人。创刊时的《政法院讯》正好赶上多事之秋，整风反"右"运动进行得如火如荼。作为校内第一份综合性刊物，《政法院讯》也不能置身事外，对于政治运动的开展和推动，也有一定的作用。1960年8月，遵照北京市委的批示，《政法院讯》停刊。

《政法院讯》停刊以后，学院的师生就不断向院党委提意见，要求复刊。1965年9月15日，经北京市委批准，《政法院讯》复刊。复刊后的《政法院讯》改名为《北京政法学院校刊》。当时的学院党委在有关文件中指出，"《北京政法学院校刊》是党委的报纸，是全校的一个综合性刊物，是学校内部的一个宣传工具"。此时的《北京政法学院校刊》为四开的小报，每周三发行，每期印制400份，主要发放给校内的老师和同学们。

1965年12月1日，为了加强院党委对学院工作的领导，学院设立了政治部，作为党委的工作机构。政治部由吕子明任主任，下设办公室、组织部、保卫部、宣传部、调研室、武装部和校刊编辑室等机构。然而时隔不久，进入1966年，北京政法学院遭受了极大的冲击，党政机构基本瘫痪，教学科研活动也全部停顿，学院陷入一片混乱之中。在这样的情况下，校刊也停办了。

1979年，北京政法学院迎来了盼望已久的复办。复办后，学院的各职能部门也相继恢复，建立了院办公室、人事处、教务处、总务处、科研处、图书馆等行政办事机构、教学科研管理机构和教学辅助机构。然而迟至1981年，《政法院讯》才迎来复刊。当年的5月25日，恢复后的《政法院讯》出版了复刊后第一期。

1983年5月7日，中国政法大学正式成立，学校的发展进入新的阶段。1983年6月7日，由《政法院讯》《北京政法学院校刊》发展而来的《中国政法大学校讯》正式发行。《中国政法大学校讯》第一期由第一副校长云光牵头，宣传部部长方昕和本科生院党委副书记宋振国具体负责，并从教师和干部中调入解战原、张大元和徐晶石参加编辑工作。此时的校讯为不定期发行，每学期出刊4期至5期，接近于月刊。

在此之后的二十多年，是国家经济社会稳定高速发展的时期，也是中国政法大学快速发展的二十多年。校刊随着时代的变化和学校的发展，不断地改进自己，随着新技术的应用而与时俱进，提高了效率，提升了品质，从内容到形式都处于持续的开拓和创新之中。在二十多年中，校刊经历了从人工画版样到电脑排版、引进激光照排技术，校园网建立推出电子版等技术上的改进。报头"中国政法大学"字样也由毛体改为邓体，校名拼音字母也改为英语标识"China University of Political Science and Law"，增加"内部准印号ZQ162–920209""CN11–0825/G"和校报电子版网址等标识。这一点一滴的改变，不仅见证了校刊一步步走向成熟，也见证了学校的发展。

从出版周期来看，复刊后的《中国政法大学校讯》从原来的不定期出版、每学期4—5期（接近月刊），到1987年改名为《中国政法大学校刊》的每学期出刊9—10期（接近旬刊），再到2002年改为周报。出版周期不断缩短，适应了信息时代信息传播速度加快、信息量大大增加的特点。从容量来看，在2002年以前，校刊一直是四开小报，2002年正式改版为对开四版大报，报纸容量大大增加，为内容的丰富多样提供了更多的可能性。从发行范围来看，1993年10月正式列入全国高校校报系列正式出版物；2000年9月10日，开始纳入国内连续出版物系列。

自1983年《中国政法大学校讯》正式发行以来，一批又一批的优秀编辑人才来到校刊编辑部工作。他们用自己的智慧和辛勤劳动，锐意创新，为校报的改革和发展做出了自己的贡献。他们用一期又一期凝聚着感情和汗水的报纸，为中国政法大学的师生们带来丰富的信息和优美的文章。而走过了100期、200期、300期直至600期、700期的校报，正如法大的守望者，一点一滴地记录着学校发展的脚步，见证了学校发展历程中的艰难、曲折和进步。

在这些编辑中，有老成持重如张文天和徐德山者，也有意气风发、口袋里没有钱却揣满了梦想的青年俊秀吴霖（江南）、查海生（海子）、唐师曾等人，更有如李秀云（识君）、武晓红等在校刊编辑部一干就是十几年的资深编辑。

在一批批优秀编辑的努力下，校报的质量不断提升，发表了一大批文字优美、思想深刻的文章，在学校里也产生了很大的影响。如当年李秀云、侯召迅开辟的《人文札记》栏目，相继约请当时的青年教师李曙光、舒国滢、刘广安撰稿，他们开阔的视野、卓越的见识和优美的文字受到了法大学子的热烈欢迎，引领了一时风气。此外，像海子、吴霖等诗人也在校报上发表了许多优秀的诗歌。而那时候的法大学子，也以能在校报上发表文章、将自己的所思所想变成铅字为荣，纷纷向校报投稿。

除了编辑校报，自1993年校记者团[1]成立以来，校刊编辑部也通过新闻采访和写作实践，培养了大量的学生记者。列采访提纲、奔赴新闻现场、写稿、改稿，在学校各大活动现场，我们总能见到这些虽然稚嫩却勤于思考和学习的学生记者的身影。在校刊编辑部狭仄的屋子里，我们也见到编辑老师和学生记者激烈争辩、认真讨论的场景。这些学生记者在毕业后或投身新闻媒体，或进入公检法机关，虽从事着不同的工作，却大都对当年学生记者的生涯念念不忘。

如今，属于报纸的辉煌时期早已过去，当初的编辑、作者和学生记者们离开了学校。人一茬一茬地变换，校报也一步一步地随着时代发展和变化着。在如今信息传播渠道多样、传播速度飞快的时代里，校报也迎来新的契机，面临着新的转变。然而，一直不变的，是她作为法大守望者的角色——始终忠实地关注和记录着学校的每一步发展和变化，始终力求为校园生活增添更多样的色彩。

---

[1] 现为中国政法大学通讯社。

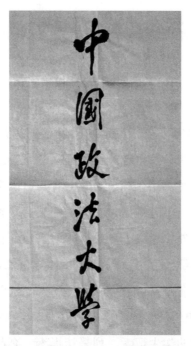

↑1986年邓小平同志为中国政法大学
　题写的校名

↑中国政法大学成立大会主席台

↑中国政法大学挂牌　　　　　　　　　↑中央领导人陈丕显在会议室签名留念

↑全国人大常委会副委员长陈丕显在开学典礼
　大会上讲话

↑中央政法委副书记刘复之在开学典礼
　大会上讲话

↑司法部部长、中国政法大学校长邹瑜
　在开学典礼大会上

司　法　部　党　组
最高人民法院党组
最高人民检察院党组
公　安　部　党　组
民　政　部　党　组

（80）司发党字第１９号
法组字（1980）第２６号
高检党发（1980）２０号
公　组（80）５７号
（80）民组字２４号

关于建立中国法律大学的请示报告

中央政法委员会：

　　为了改变我国法律教育和法学研究的落后状态，培养造
就高水平的法学师资、科研人员，以及精通法律、能够独立
解决国内和涉外法律事务的专门人才，拟在北京新建一所中

1

↑《关于建立中国法律大学的请示报告》副本

↑全国人大常委会法律委员会副主任张友渔
　在开学典礼大会上讲话

历史性的腾飞
——中国政法大学的成立

历史性的腾飞[1]

——中国政法大学的成立

　　初次来到中国政法大学昌平校区的人，在不大的校园里走上一圈，大约都会看到矗立在校园中心位置的一尊雕塑，这就是拓荒牛。这尊代表了一代代法大人艰苦奋斗、开拓进取精神的拓荒牛，是由学校87级校友集体赠送给母校的。

　　自1952年北京政法学院创立开始，学校的发展与新中国的法治建设紧密地联系在一起，学校的命运也和共和国的发展息息相关。在建院初期，学院就以培养新中国急需的政法干部为主要任务，为新中国培养了大量法律人才。20世纪50年代，宪法的起草、婚姻法的制定，都活跃着北京政法学院教师的身影。其后，接踵而至的政治运动不仅扰乱了学校的正常教学秩序，而且逐渐否定了法律在国家治理中的重要作用。这一时期，尽管学院继续进行教学和研究工作，为国家培养法律人才，然而当法律已无用武之地的时候，法律人和法学人才的遭遇便可想而知了。

　　在政治运动的波折中，1970年，北京政法学院被撤销，全体人员下放安徽濉溪五铺农场。1972年，学院的大部分教师和干部就地分配，安置在安徽省内机关单位和高校中，少数人自谋职业回到北京。此后，学院校舍被占用，图书资料被封存，学校不复存在。

　　改革开放的春天到来以后，在中央重视和发展法制的新形势下，法律人开

---

[1] 本文参考了中国政法大学校史编写组编著的《中国政法大学校史》，中国政法大学出版社2002年版。

始重新活跃在国家建设和法治进步的舞台上。随着一大批法律的制定和通过，司法部的重建，检察系统的恢复，受到迫害的政法工作人员逐渐得到平反，国家对法律人才的需求再次显现。

在这样的条件下，恢复北京政法学院就成为题中应有之义了。校舍的收回，教师和干部的调动，筹备工作快速推进。在校舍依然部分被占用、办学条件十分艰苦的情况下，一大批当年的老教师和干部筚路蓝缕，以法大艰苦奋斗的优良传统克服重重困难，终于盼来了学院的重生。1979年，复办后的北京政法学院迎来第一批本科生和研究生。

北京政法学院复办后，在短短几年的时间里，各项工作迅速得到恢复，教学和科研工作也逐渐走上正轨。学院的一批老教师重新回到教学岗位，校舍的收回工作也继续进行。经过几年的招生，学生人数也不断增加。

此时，中国的经济建设开始进入加速发展的时期。1979年第五届全国人大一次会议之后，国家的立法工作也取得了重大的进展，先后通过了宪法修正案、刑法、刑事诉讼法等一大批法律。法治建设的快速推进也带动了法学教育的发展，培养优秀的法律人才，推动法治建设进程，成为法学院校的紧迫任务。为了适应社会主义经济建设新局面的需要，加强社会主义法治建设，加速发展法学专业的教育是不可或缺的重要环节。在这一特定的历史条件下，在党和政府的关怀下，在广大法律工作者和法学教育工作者的大力支持下，中国政法大学应运而生。

1980年，全国人大常委会副委员长、中央政法委书记彭真提议创办中国政法大学，并得到了胡乔木的支持。自此，司法部积极进行筹备，准备成立中国政法大学。中国政法大学的成立，也得到邓小平同志的亲切关怀。在1982年召开的中央政法工作会议上，邓小平同志提议将筹办中国政法大学作为重要议题讨论，并三次为中国政法大学选任校长，最初曾经安排彭真担任中国政法大学校长，但是因彭真作为党和国家领导人不再兼任职务只能作罢，后来曾选任陈丕显，最终决定由刘复之担任。

1982年1月，中央政法工作会议召开。在关于加强政法工作的指示中明确指出，"要抓紧筹办中国政法大学，把它办成我国政法教育的中心"[1]。这一重要批示既提出了建校速度方面的要求，也对学校的办学质量提出具体要求。1982年2月，国务院批准了中国政法大学的筹备工作计划。

1982年9月，由司法部副部长陈卓带领一个工作组，到北京政法学院调研，了解北京政法学院的相关情况和历史遗留问题，考察学院的领导班子，以及筹备成立中国法律大学的条件——此时尚未明确新成立的专门培养法律人才的大学的名称。此后，中央下发 [1982] 5号文件，正式定名为"中国政法大学"。经过两个月的调研，工作组离开学校，向中央汇报考察情况。中央认为成立中国政法大学的条件基本成熟，同意筹备建立中国政法大学。

1983年，在教育部、国家计委、北京市委和其他有关部门的大力支持下，中国政法大学的筹备工作初具规模。1983年2月，中央任命司法部部长刘复之兼任中国政法大学校长，司法部党组成员陈卓任中国政法大学党委书记，云光任党委副书记、第一副校长，余叔通任党委委员、副校长。1983年4月，国务院批准了司法部《关于同意中国政法大学成立的正式报告》。

最初中央决定创办中国政法大学，并不是简单地将北京政法学院的牌子换了，而是要建立一个新的全国政法教育中心。但是建新校一要校舍二要师资，而后者最难。当时曾有保留北京政法学院，从中抽调一半的师资，将北京大学、中国人民大学的法律系合并到中国政法大学，再从全国调进百名教师充实师资队伍的方案。但这个方案显得不够实事求是，未能实施。没有师资谈何办学？只能重新考虑。北京政法学院1952年成立，1978年复办，办学历史长，师资力量强，学科带头人多，在这个基础上扩建一个新学校是比较可行的方案。所以后来的中国政法大学就是在北京政法学院的基础上建立了"一校三院"：本科生院、进修学院和研究生院。

根据当时的建校方案，中国政法大学的总规模为7000人（学生）。学校实行一校三院制：以原北京政法学院为基础建立本科生院，规模5400人，学制

---

[1] 中央 [1982] 5号文件。据中国政法大学档案馆资料。

4年，当时有1600多人；以原中央政法干部学校为基础建立进修学院，规模为1200人，培训对象为政法各部门处级以上干部；成立研究生院，主要是培养政法教育的师资，当年教育部批准招收100人。学校当时有教授5名，待批教授3名；副教授22名，待批副教授32名；讲师190多人，总共有教师200多人。校部暂定原北京政法学院，新校址定在黄村卫星城，[1]拟作为本科生院，基本建设规模15万平方米。

1983年5月7日，中国政法大学成立大会在公安部礼堂隆重举行，1000多名师生员工参加了大会。中共中央书记处陈丕显、胡启立等领导及中央政法委员会、中共中央宣传部、最高人民检察院、最高人民法院、公安部、教育部、司法部、民政部、北京市有关部门负责人和法学界知名人士张友渔、钱端升[2]、陈守一、雷洁琼[3]、王铁崖等出席了大会。

中国政法大学的成立，对于加速我国政法人才的培养，提高社会主义政法教育和法学研究水平、开创社会主义法制建设的新局面都具有重大的意义。在中央的高度重视及有关单位的大力支持下，中国政法大学在原北京政法学院和中央政法干部学校的基础上，不仅规模大为扩充，而且从全国各地调入了一大批骨干教师和干部，在办学模式上也大胆创新，开始了学校办学历史上的新纪元。中国政法大学的成立，不仅是我国法学教育发展史上的一件大事，也是新中国法治建设中的重要事件。

学校成立以后，各项工作迅速展开。在几年时间里，学校的办学规模逐渐扩大，在立足法学学科的基础上学科领域日益增多，研究生教育也取得了辉煌的成绩。学校还选址昌平建立了新校区，并逐渐将办学重点转移到昌平校区。

---

[1] 后因大兴选定的校址不适合作为新校区，学校重新考察，最终选址昌平。

[2] 1974年，钱端升出任外交部国际问题研究所顾问及法律顾问。

[3] 1970年底，北京政法学院被宣布撤销。1971年2月，学院所有人员被下放到安徽濉溪县五铺农场，进行劳动改造。当时上级曾明确指示，学院的8位老教授可以留在北京不下放劳动，但雷洁琼、严景耀夫妇主动要求陪同干部、教师一同到农村锻炼。1972年，雷洁琼被周恩来亲自点名调回了北京，任北京大学国际政治系教授、社会学系教授。

　　法治兴则国家兴，法治行则法学教育行。在新的历史条件下，中国政法大学继续秉持北京政法学院时期艰苦创业、拓荒前行的精神，不断通过自身的改革进取，提高教学质量，提升科研水平，加强学科建设，为国家培养了大量高水平、高素质的政法工作者、法学研究者和教育者。同时，中国政法大学也没有忘记自己的另外一项使命，即为国家的立法工作贡献自己的力量。无论是老一辈学人还是后起的青年才俊，一代代法大人都将推动国家政治进步、法治昌明作为自己的分内之事。从《宪法》的修改，到香港、澳门特别行政区基本法，再到《反分裂国家法》《香港特别行政区维护国家安全法》出台；从《民法通则》的起草，到《公司法》《合同法》《物权法》《婚姻法》的制定和修改，再到《民法典》的颁布；从《刑事诉讼法》的制定和修改到《行政诉讼法》《行政强制法》等大量法律的制定、修改，都活跃着法大人的身影。共和国几乎每一部重要法律的诞生和颁布，都凝聚着法大人闪光的智慧、辛勤的劳动和无限的心血。

↑法律咨询

　　时至今日，大量的法大人依然如拓荒牛一样活跃在国家政治、法律和其他领域，用他们的勤恳敬业为法治建设和社会进步贡献着自己的力量，为母校增光添彩。而中国政法大学也正是这样一头俯身使力、奋勇向前的拓荒牛，在中国法治建设的道路上自始至终艰苦奋斗、开拓进取。

↑1956年9月，薛梅卿辅导学生编写教材

↑1994年，巫昌祯在市委接待室接见来访妇女

↑ 左起：孙丙珠、巫昌祯、薛梅卿、严端

↑ "四大才女"不同时期的合影（摄影：艾群）

"四大才女"的传奇
——巫昌祯、薛梅卿、严端、孙丙珠

"四大才女"的传奇[1]

——巫昌祯、薛梅卿、严端、孙丙珠

1979年，北京政法学院迎来了复办。此时国家开始为20世纪五六十年代遭到不公平待遇的大量"右派"平反，并纠正了一大批冤假错案。随着宪法的修改和大批法律法规的制定被提上日程，法治建设重新回到正常的轨道上来，法学教育也迎来了新的春天。

复办后的北京政法学院经过艰难的争取，从北京市各单位和分散在安徽、河北等地方调回了部分原来的教师。这些老师有的是20世纪50年代的"摘帽右派"，在1972年安徽濉溪五铺农场下放结束后就地分配，有的从事了新的职业。然而当他们一闻知北京政法学院的复办，纷纷都回到学校里来，重新站上讲台，时隔多年真正作为一名"法学教师"给同学们教授法学课程。

在20世纪五六十年代轰轰烈烈的政治运动中，许多人从此改变了人生轨迹，只能接受批斗和去农场里劳动改造，根本没有上台讲课的资格。而在那特殊的年代里，政治理论课占了课程的很大比重，法学专业课反而成了次要的部分，许多老师就算能够上台讲课，也只能讲古汉语、中共党史等课程。

学院复办后，这些老师才真正发挥了他们的专长，重新成为一名法学教师。在复办后极其艰苦的条件下，老师们克服了重重困难，以饱满的热情投入学院的建设之中。重建各个教研室，夜以继日地编写各学科教材，开设各学

---

[1] 本文参考了郭烁："20年后再访中国政法大学四大才女"系列文章，载《中国政法大学校报》总第543期（2006年11月7日）；总第544期（2006年11月14日）；总第545期（2006年11月21日）；巫昌祯教授、薛梅卿教授、严端教授的口述回忆。

科的必修课和选修课……这一批优秀而敬业的老师以其渊博的学识、各具特色的授课方式和独特的个人魅力，赢得了1979级以来同学们的广泛赞誉。其中，就有被同学们称为"四大才女"的四位女教授——巫昌祯、薛梅卿、严端和孙丙珠。

"四大才女"这一称号的出现，始于1986年中国政法大学团刊《我们》上面的一篇文章《法大四大才女》。实际上，在同学们中间早就流传着关于四位老师的种种故事。她们精深的法学专业修养、深入浅出的授课、亲切随和的性格无不赢得同学们由衷的敬佩和喜爱——四位老师都曾被1979级的同学评为"优秀老师"。

1979级学生、国际法教授杜新丽这样回忆"四大才女"："政法大学老一辈教师中有'四大才女'，即婚姻法的巫昌祯老师、法制史的薛梅卿老师、刑事诉讼法的严端老师、法理学和宪法学的孙丙珠老师。十分幸运，她们都是我们的任课老师。她们讲课声音中气十足，神采飞扬，无处不散发着学识渊博的女教授独有的魅力光芒。"[1]

巫昌祯

"四大才女"中，巫昌祯先生（1929—2020）是婚姻法的专家。1948年夏天，刚刚18岁的巫昌祯考入当时闻名全国的著名法科大学朝阳大学学习法律。新中国成立前的朝阳大学，与东吴大学并称"南东吴北朝阳"，是当时驰名中外的法律学府。然而未满一年，北平和平解放，朝阳大学由华北人民政法司法部接管，成立了"朝阳学习队"，实际上相当于革命干部训练班的性质。巫昌祯就和她的同学们参加一些革命活动，上街搞宣传、演话剧、唱歌，宣传共产党，宣传新社会。这段学习经历令巫昌祯十分难忘："茅盾、曹禺、郭沫若等大师级人物给我们开设专门的讲座，一些党内外老的法律系统的专家也给我们上课。"

---

[1] 杜新丽："79级法科生的政法往事"，载《法制日报·周末》2009年9月11日，第16版。

　　1949年10月1日，由谢觉哉担任校长的"中国政法大学"在朝阳大学的基础上成立，巫昌祯随之进入这个存在时间短暂的"中国政法大学"，在第三部也就是本科部学习。1950年，中国人民大学成立，原"中国政法大学"二部、三部并入中国人民大学，所有的青年学生也都被保送到中国人民大学法律系。[1]1954年，巫昌祯以全优的成绩毕业，是中国人民大学第一批法律专业的本科毕业生，也是新中国的第一批法律专业本科生。毕业后，巫昌祯和丈夫庚以泰[2]一起被分配到创立未久的北京政法学院任教。

　　到了北京政法学院以后，巫昌祯主要讲授民法。然而，在一波接一波的政治运动中，北京政法学院的教学活动也受到了很大的冲击。1958年，民法教研室和其他法学教研室都被取消，组成业务教研室。巫昌祯也无法继续教授民法，转而讲授毛泽东思想概论和古汉语。其后的20年，虽然没有被打成"右派"，但在频繁的政治运动中，"学生不学习，老师不讲课，而是一起参加运动"。

　　20世纪70年代初，北京政法学院师生被整体下放到安徽劳动，巫昌祯和丈夫庚以泰也来到安徽。一年后，庚以泰被分配在安徽省公安厅工作，巫昌祯则回到北京留守，照顾幼小的孩子们。因为不知道这样的日子何时是个头，巫昌祯只好提前退休了——当时，她只有四十多岁。1978年，北京政法学院复办，巫昌祯再次回到学校，重登讲台，回归她所热爱的教师岗位。从此在讲台上一待又是几十年。

　　在五十多年的执教生涯中，巫昌祯教授有好几次重新选择职业的机会。1955年参加民法典起草的时候，巫昌祯整理材料既快又好，全国人大很想让她留在机关工作；1980年代第一次修改完婚姻法后，全国妇联也有意把巫昌祯留

---

　　[1]　除二部、三部外，在原"中国政法大学"一部（主要轮训政法干部）和新法学研究院的基础上，调入部分华北人民革命大学的干部，于1951年成立中央政法干部学校。

　　[2]　庚以泰，河北人。1954年毕业于中国人民大学法律系，巫昌祯同班同学。原北京政法学院教师，1971年与巫昌祯一起下放到安徽濉溪五铺农场，1972年分配至安徽省公安厅。回京后进入中央民族大学工作，系中央民族大学法律系创始人之一和第一任系主任。1955年曾参与《刑事诉讼法》的起草，曾担任胡风案的辩护律师。著有《刑事诉讼法教程》《民族区域自治法学》《民族法学概论》等。

住，请她出任中华妇女干校（中华女子学院前身）的领导工作。这些邀请都被巫昌祯委婉地回绝，她始终没有离开讲台，宁愿做一名教师，教书育人。

巫昌祯的课堂讲授非常生动，注意理论联系实际，用大量生动的例子深入浅出地讲解枯燥的理论知识，受到了同学们的欢迎。"在实践中，我掌握了大量丰富的实际材料。从那时起，我就养成了理论联系实际的作风，在以后几十年的教学工作中，始终坚持和发扬了这种作风，从而形成我讲课的风格。"

在复办后的20世纪80年代初，巫昌祯和学生的关系十分密切，非常关心同学们的学习和生活。那时候每个班都有一个固定的教室，晚上上自习的时候，巫昌祯经常来到教室里，给同学们辅导学习。同学们遇到一些生活上的烦恼，情感上的困扰，也都会来找和蔼可亲的巫老师倾诉。没有事的时候，学生们也会经常登门拜访，和巫老师聊聊家常。

薛梅卿

薛梅卿教授（1930—2021）和法学结缘，却颇有些机缘巧合的色彩。

在20世纪50年代实行组织分配的原则下，本想学习外语的薛梅卿，却被安排研读了历史。1953年，薛梅卿从福州大学历史系毕业，被保送中国人民大学研究生班攻读历史学专业。仅过一年，组织上又安排她到刚组建不久的法律系"国家与法的历史"（即法制史）研究生班学习。在学习过程中，薛梅卿主要的研究方向是偏向外国法制史，毕业论文也是关于法国《人权宣言》的内容。1956年毕业后，原本凭借外语优势可专攻外国法制史的薛梅卿，却又"服从组织安排"在北京政法学院转攻中国法制史专业。一系列的机缘巧合，促使薛梅卿先生最终以中国法制史为终身志业。正如先生自己所说："命运的安排使我走上了中国法制史教学的讲台。"

尽管不是自己原本所喜爱的专业，薛梅卿也开始了十分认真的准备，潜心投身于研究中国法制史的"境界"中去。研究中国法制史，最重要的就是古汉语、法律和历史。"我的古汉语并不好，真的不好，因为当初在大学读书的时候我感兴趣的是外语而不是古代汉语。"但是为了满足学校的教学需要，必须把艰涩难懂的法律古籍一本一本地啃下去，一个朝代一个朝代地啃完。有一次，薛梅卿在中国近代史所查阅资料，从里面一出来就晕倒在地。她本身就晕车，还要搭公交车回学校，一个人在路边坐了好久才渐渐恢复过来。这样的敬业精神实在令人敬佩。

其后的经历，和大多数人一样，"整风反'右'""四清"……在动荡不安中，基本谈不上教学和科研，20年的光阴就这样荒废了。北京政法学院复办后，已分配在安徽的薛梅卿从安徽师范大学调回学校，重新开始了中国法制史的教学和研究。那时候，重新回到教学岗位的老师们，普遍的心态就是"冲刺"，希望能够通过自己的努力尽力追回那段被荒废的时光。

复校之后，薛梅卿在第一年为1979级学生讲课时就受到了学生们的欢迎，并在曾炳钧教授的带领下招收、指导了学校第一批硕士研究生（法制史专业）。此后，她担任了十多年法制史硕士研究生导师组组长，参加了学校中国法制史博士生导师组筹组、招生工作。

在几十年的教学生涯中，薛梅卿教授始终坚持一条原则，就是在治学执教中实事求是，还历史本来面目，不来半点虚假，不为趋名逐利而游戏其间，使学生能够继承优秀文化传统，不单在学识上有所长进，更加在思想上受益——"教学过程实质上是培养人的过程，教育质量高才能培养出合格的人才来"。

那时候，在同学们的心中，薛梅卿既是一名严格的老师，也是一位慈爱的长者，曾无私地帮助不少研究生解决学业、思想、生活上的难题。学生们在即将毕业的时候都喜欢到薛老师的家里聚会庆祝，在狭小的屋子里一起听歌、聊天，非常快乐。姜晓敏教授[1]当年就是薛梅卿先生的学生，她回忆道："我读书的时候，对于薛老师是既怕又爱。记得当时薛老师是公认的最严格的老师之一，薛老师主持的课程我心里最没底。但现在回头看来，能够在自己全面汲取知识营养的时候碰到这么一位名师，真是非常幸运的事情。"

---

[1] 姜晓敏，中国政法大学教授，法律史学博士。

严端

相比较而言，在1957年就被划为"右派"的严端先生（1934—2020）的经历则坎坷了许多。21年的"右派"生涯，使刚刚研究生毕业、年仅23岁的严端受尽了磨难。然而，无论身处什么样的环境，无论是作为"右派"参加高强度劳动，还是在北京师范大学印刷厂当一名普通的校对工人，她都以惊人的毅力坚持了下来——"21年，她的精神没有倒"。

1952年，18岁的严端报考北京大学法律系，因全国院系调整而成为北京政法学院的首批本科生。毕业留校工作一年后，又成为新中国第一批刑事诉讼法专业研究生之一。研究生期间师从苏联专家约·楚贡诺夫，着重对苏联的刑事诉讼法及其理论进行深入、系统的学习。

1957年，严端研究生毕业，正是风华正茂的年纪，准备在法学教育的岗位上教书育人，为新中国法制建设做贡献。谁想到飞来横祸，在反"右"斗争中，严端被划成"右派"，从此梦想破灭。"右派"生涯是令人难以忍受的。不但在政治上受到歧视，在生活中也处处遭到排斥。在此后漫长的21年中，严端到北京西山农场劳动，到广西参加"四清"运动，1971年被下放到安徽濉溪五铺农场劳动，后来又到北京师范大学印刷厂当了一名校对工人。其间于1961年回到学校短暂地从事过几年教学——然而不是在法学的教研室，而是在语文教研室，教语文。

1978年12月31日，学院党委宣布了第一批改正"右派"名单，严端正式摘除了"右派"帽子，重新回到讲台。在这个"法制的春天"里，严端教授参加了刑事诉讼法的制定工作，为实务部门宣讲新法，并在教学岗位上辛勤耕耘，培养了一大批卓有成就的学生。据严端教授的学生回忆，她上课善于抓住重点，以启发式教学给同学们带来深刻的思考，并带领他们进行研究。治学上严端教师则十分严谨，讲求质量。严端先生的学生回忆道："你们应特别遗憾的是，我的老师严端先生现在不讲课了。她绝对是我见过的思路最为清晰、治学最为严谨的女教授。"

孙丙珠

和严端教授一样，孙丙珠教授（1930—2018）在1957年也被打成了"右派"，并被开除了团籍。尽管在接连而来的政治运动中并没有受到特别大的冲击，但在北京政法学院复办前，孙丙珠先生也不可能安心从事教学和研究工作。

1948年，孙丙珠考入由沈钧儒等人创办的上海法学院。1949年，经上海地下党和上海学联推荐，孙丙珠进入谢觉哉任校长的原"中国政法大学"三部（即本科生部）学习，同学中就有巫昌祯先生。后转到中国人民大学法律系，本科还没有毕业，就被分配到研究生班学习，是新中国第一批法学研究生之一。1952年，孙丙珠研究生毕业，被分配到刚刚成立的北京政法学院任教。

来到北京政法学院后，孙丙珠主要讲授国家与法的历史理论，后来又主讲了两年的苏联法制史。正当事业一帆风顺，孙丙珠也是踌躇满志的时候，反"右"的狂风暴雨就向她席卷而来。在毫无思想准备的情况下，孙丙珠被划为"右派"，被开除了团籍。作为"右派"，孙丙珠只能终日劳动改造。其后的日子，就这样跟随着政治运动起起伏伏，根本谈不上真正的教学与研究。

北京政法学院复办以后，孙丙珠重回讲台，研究方向开始从法制史转向了国家法（即宪法）。"二十多年没有好好弄专业了，当时真的是拼了命地干。"那时由于过去十年政治运动的影响，资料很少，孙丙珠为了看到新的资料，吸收新的思想，阅读各种报刊、杂志，去中央党校、中国社会科学院等单位听课，与专家们交换意见——尽一切努力积累材料，为讲课做准备。

重新登上讲台的孙丙珠主要讲授的是宪法学。在授课过程中，先生坚持解放思想、实事求是的原则和"无论在理论和思想上都要敢说真话，对学生负责"的态度，向同学们介绍了在当时还未有定论的西方宪政，西方宪法与民主、自由、法治的关系。内容充实，观点新颖，且表达的都是自己的认识。许多同学都是第一次听到西方国家的宪政状况，受到很大的启发。孙丙珠先生的课也受到了同学们的欢迎。

和同学们交流也是作为一名教师十分愉快的事情。当时孙丙珠先生住在北太平庄，她的学生们经常跑到家里去找她，研究问题也好，探讨论文也好，聊聊家常也好，师生关系非常融洽。在指导研究生的过程中，孙老师也是尽自己所能去帮助他们，从不因为他们在学习过程中遇到困难而责怪他们。

1996年，孙丙珠教授在校报上发表了一篇题为"执教随想"的文章，写到自己从教数十年的感想，孙先生说："作为教师定要为人师表，身教重于言教，要严格要求自己，为人要正派，千万不要追逐名利，搞不正之风。无论在理论和思想上都要敢说真话，对学生负责。"而她自己，也正是这么做的。

四位广受学生尊敬和欢迎的女教授，由于她们敬业的态度、严谨的治学、崇高的品德和各具特色的教学，使复办之初的北京政法学院的学子们如沐春风。她们也以自己的言传身教培养了大批杰出人才，影响了一届又一届的学生，为法学教育做出了自己的贡献。

2018年以来，"四大才女"接连辞世。但是，法大的学子并没有忘记她们，法大也永远不会忘记她们。她们以认真负责的教学态度、严谨求实的学术研究和独特的人格魅力，赢得了一代代法大学子的尊敬。她们的学生，如今正活跃在中国法治建设和经济社会发展的各个领域，为国家建设和全面依法治国贡献力量。她们是法大的骄傲，也是法大的灵魂。让我们向以巫昌祯、薛梅卿、严端和孙丙珠诸位先生为代表的一代代法大优秀老师致以崇高的敬意！

↑硕士学位论文答辩会

↑1991级、1992级研究生座谈

↑张晋藩与博士生讨论问题

↑启发课堂讨论进一步深入

荟萃全国法学名师
——研究生导师组的新模式

荟萃全国法学名师[1]

——研究生导师组的新模式

　　1982年，中央决定在北京政法学院的基础上成立中国政法大学。经过一年多的筹备，1983年5月7日，中国政法大学正式成立。学校实行一校三院制：以原北京政法学院为基础建立本科生院，以原中央政法干部学校为基础建立进修学院，并在原研究生工作部的基础上成立研究生院，主要是培养政法教育的师资力量，当年教育部批准招收100人。

　　其实早在20世纪50年代，北京政法学院就已经开始了研究生教育。1955年，为缓解学院师资力量的严重不足，适应提高教学质量和教师业务水平的迫切需要，北京政法学院决定在全国招收一批有一般理论与业务知识、现任政法学院助教或曾系统学习过理论与政法专业课程的大学毕业生为研究生，以培养民法学、民事诉讼法学、刑法学、刑事诉讼法学、司法鉴定学等专业的师资。1955年9月，从各高校推荐而来的75名研究生入校报到。为了培养这75名研究生，学校还专门聘请了两名苏联法学专家来担任导师。1957年，这批研究生毕业，为北京政法学院和其他政法院校补充了各学科的师资力量，也为司法部门输送了一批高层次的法律人才。

　　北京政法学院复办以后，1979年参加了全国统一招生，当年招收本科生403人，研究生35人。著名的刑事诉讼法专家、中国政法大学教授卞建林即是这批研究生中的一员。

---

[1] 本文参考了张晋藩先生的口述回忆。张晋藩，中国政法大学终身教授，曾任中国政法大学研究生院院长、中国政法大学副校长。

中国政法大学成立后，为了贯彻落实中央关于"把中国政法大学办成全国政法教育中心"的指示，学校最终确定了"立足本科教育，办好研究生教育，发展成人教育，多方兼顾，均衡发展"的办学道路。1983年9月17日，研究生院正式成立，由王飞担任院党委副书记，张晋藩、程筱鹤、陈光中担任副院长。后来任命张晋藩为研究生院院长。

其时的研究生院作为一个相对独立的实体，负责中国政法大学所有研究生的培养和管理。研究生院下设办公室、教务处、培养处、招生处和分配处。此外还有独立的教研室，其下附设有几个研究所。研究生院还拥有独立的图书馆和教材出版组织，学院路图书馆的三层即研究生院的图书馆。总体来说，刚刚建立的研究生院是相当完备的。

在学科的设置上，研究生院在当时可谓超前。除了法制史、法理、刑法、民法等专业，研究生院还建立了法社会学和环保法两个新专业，并于1983年开始招生。但是因为校内没有这两个专业的导师，就专门请来了北京大学的元帮教授和武汉大学环保法方面的老师来给研究生讲课。后来甚至把7名法社会学的研究生专门送到北京大学学习。然而后来司法部认为，本校既然没有师资力量，要送出去培养，就没有必要继续招生了。这两个学科就停止了招生。后来还成立了法制系统工程教研室，也由于各种原因而夭折了。

对于学生，研究生院则尽最大的努力予以培养，尽可能地提供更好的条件。当时的中国政法大学条件是非常艰苦的，北京政法学院停办后占用学院校舍的文艺团体此时依然在校园里，每天敲锣打鼓吊嗓子练花腔，同学们就在各种各样的声响中读英语、上课、看书。而三个班的研究生在校内只能住下两个班，还有一个班的学生只能住在大钟寺附近由学校租来的民房里。那个院子的旁边就是农民家的猪圈，同学们每天都要穿过气味熏天的猪圈和尘土飞扬的土路，来到学校上课、吃饭。研究生院则把研究生的所有经费都用在了研究生的教育和生活条件的改善上，院里一分都不留。当时，院里给每个学生都配备了台灯和书架，还专门为研究生买来了录音机，方便他们更好地学习英语。据张晋藩先生回忆，1983年招进来的研究生做硕士学位论文调查的时候，每个研究生的经费是400元，院里全部发给了学生。除此以外，研究生院还争取让每个研究生每年都能有一次机会参加全国性的学术讨论会。

1983年的研究生院，共有硕士研究生125人，分布在17个专业。而其时中国政法大学拥有教授职称的不过四五个人，副教授也不到20人，尽管复办后一大批教学骨干回到学校来，然而对于研究生培养而言，师资力量还是不够。如何培养这100多名研究生，就成了研究生院要解决的迫切问题。

为了克服师资不足的困难，研究生院提出建立研究生导师组，由本校的老师、其他学校的老师和实务部门的相关专家组成，共同来指导研究生的学习。学校也进行了大胆的改革，把个人导师制改为导师组集体与个人指导相结合。研究生院积极行动起来，联系各个专业的专家，从北京大学、中国人民大学、武汉大学、中国社会科学院法学研究所及中央和地方各实务部门聘请70名教授、副教授和具有丰富领导经验的领导干部担任兼职教师，很快就建起了各个学科的专业导师组。校外导师与本校教师结合组成17个专业导师组和3个公共课教学组，发扬了各家所长，发挥了集体的智慧和力量，提高了教学质量。

1983年7月，在人民大会堂举行了中国政法大学研究生导师座谈会。司法部部长邹瑜对这种导师小组、专兼职相结合的培养方式予以高度评价，认为这是一个新的尝试，是大胆的改革。

导师组的导师们，大都是当时各学科领域的领军人物和顶尖专家。其中法大的导师实际上数量并不多，主要是来自各高校的教授和实务部门的专家。

在这些导师中，来自其他各高校的教授有国际公法学的王铁崖教授（1913—2003，北京大学），国际私法学的韩德培教授（1911—2009，武汉大学），民法学的佟柔教授（1921—1990，中国人民大学），法理学的孙国华教授（1925—2017，中国人民大学），刑法学的高铭暄教授（1928—，中国人民大学），法律思想史学的张国华教授（1922—1995，北京大学）[1]等。来自实

---

[1] 张国华，著名法律史学家，1952年院系调整时随北京大学政治学系调入北京政法学院，1954年调回北京大学。

务部门的专家有最高人民法院政策研究室主任张懋，全国人大环保法方面的专家曲格平等。

这些导师们，都是当时国内各个学科的一流专家。其中像王铁崖先生1983年时已年过七旬，依然十分热心地召集导师组的导师们开会安排教学任务，给研究生们上课。那时候，学校的条件是艰苦的，也没法给这些校外的导师们额外的补贴。据张晋藩先生回忆，为了给导师们一点小小的车马费补贴，他跑了好几趟司法部，终于给导师们争取到每个月10元钱的车马费。学校也没有专车，研究生院就用学校食堂拉菜的货车到最高人民法院请政策研究室张懋主任到学校为研究生们讲课。

这些校外导师们，不计条件、不畏辛劳，每个月只有10元钱的车马费补贴，却始终兢兢业业毫无怨言，专门跑到刚刚成立、条件简陋的中国政法大学，以他们的大家风范和学术专长，为法大的研究生们带来了一堂堂精彩的授课，开阔了学生的视野，开拓了学生的思路，为法大高质量的研究生培养做出了贡献。这种兼容并包、集各家所长的导师组培养方式，也被证明是一个很成功的尝试。

也正是在校内外导师的共同努力下，第一届、第二届研究生的质量非常高，第一届研究生基本上都留校，第二届留校六七十人，总共有二百多人留校任教，成为后来法大教学和研究的骨干力量。时至今日，他们大都已经成为各个学科领域卓有成就的专家。

1987年首届
博士生论文
答辩委员会
组成。
自左至方：曾炳钧、
吴逸菁、戴逸、秦玩、
王鸿钧、宁枚、瑞晋藩

1986年与一、二届博
士生谈话

1992年与一、四、
五届博士生谈话

1984年
与首届博士生
朱勇、怀孝峰、
郑泰

1987年
与首届博士生郑泰、
第二届博士生刘广安、
第三届博士生陈国平、
魏向阳

1985年与
首届博士生
朱勇

↑张晋藩培养博士

↑中国政法大学首届博士论文答辩会

新中国第一批法学博士
——朱勇、怀效锋、郑秦

新中国第一批法学博士[1]

——朱勇、怀效锋、郑秦

1983年，中国政法大学成立，同时建立了研究生院，研究生教育进入新的发展时期。在张晋藩等人的努力下，研究生院从北京大学、中国人民大学、武汉大学、中国社会科学院法学研究所及中央和地方各实务部门聘请70名教授、副教授和具有丰富实践经验的领导干部担任兼职教师，很快就建起了各个学科的专业导师组。导师组一改过去的导师个人指导为个人指导和导师组集体指导相结合，取得了很好的成效，培养了一批高质量的研究生。

与此同时，中国政法大学的学科建设也得到了进一步的发展，其中尤其是张晋藩先生领衔的中国法制史学科取得了重大突破。1983年5月，国务院学位委员会批准中国政法大学设立中国法制史博士点，导师为张晋藩教授。这是中国政法大学的第一个博士点。1984年，经司法部批准，中国政法大学成立中国法制史研究所，成为全国唯一的中国法制史学专业研究所。从20世纪80年代起，国家教委正式确认法制史为法学基础学科，纳入政法院校的教学计划，1988年中国政法大学法制史学科被评为国家级重点学科。2004年12月，中国法制史研究所被确定为教育部人文社会科学重点研究基地，遂更名为中国政法大学法律史学研究院，成为全国法律史学研究的重镇。

在1983年国务院学位委员会批准中国政法大学设立中国法制史博士点后，1984年6月，中国政法大学开始面向社会招收第一届博士生。当年录取了朱勇、怀效锋和郑秦三人为中国法律制度史博士研究生，指导老师为中国法制史

---

[1] 本文参考了张晋藩先生的口述回忆。

专家、研究生院院长张晋藩教授。这是中国政法大学历史上的第一批博士研究生，也是新中国自己培养的第一批法学博士研究生。

在此之前，包括北京政法学院在内的各法学院校在不同的时期分别培养过一定数量的硕士研究生，为高校和实务部门输送了一批高端法律人才，但由于社会的动荡不安和"法律虚无主义"的影响，法学教育历尽坎坷。改革开放以后，国家法治建设逐步回到正常轨道，法学教育也迎来了前所未有的好时期。在中国政法大学设立法制史博士点之后，中国人民大学法律系、中南财经政法大学法学院相继建设了中国法制史博士点，中国政法大学诉讼法、民商法等博士点也获得批准。高端法律人才的培养进入繁荣时期。

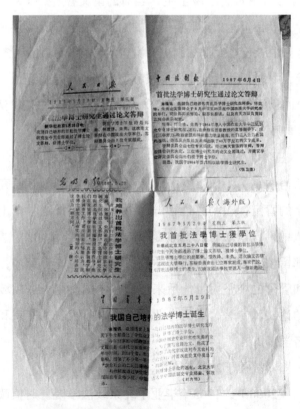

↑ 媒体对第一批法学博士的报道

三名博士生的年龄和经历各不相同。怀效锋来自江苏省社会科学院法学研究所，1983年在西南政法学院获法学硕士学位，时年33岁。朱勇来自安徽大学，获得安徽大学中国法制史专业硕士学位，时年29岁。郑秦来自法律出版社，1982年获中国人民大学历史学硕士学位，时年41岁。

在张晋藩先生的指导下，三位博士生进行了三年扎实而艰苦的研究学习。浩瀚的法律古籍，艰涩的古汉语，纷繁的历朝法律制度，都成了他们必须攻克的难关。张先生治学严谨而为人谦和，除指导博士生们学习之外，还经常来到宿舍里，关心他们的生活。

1987年，朱勇、怀效锋和郑秦完成学业，进行论文答辩。张晋藩先生回忆说，作为新中国的第一届法学博士生，当时的论文答辩是非常隆重的，当时的报纸对此都进行了报道。论文答辩委员会的七名委员也都是学界一流的专家。这七名委员分别是：中国政法大学法制史专家曾炳钧教授，中国社会科学院法学研究所吴建璠教授，中国人民大学清史专家戴逸教授，北京师范大学古籍专家李侃教授，国家历史博物馆馆长王鸿均先生，山东大学法律系主任、法制史专家乔伟教授，以及指导老师、中国政法大学法制史专家张晋藩教授。

经过答辩，三名博士生的博士学位论文《清代宗族法研究》（朱勇）、《嘉靖专制政治与法制》（怀效锋）、《清代司法审判制度研究》（郑秦）获得了答辩委员会的肯定，顺利通过答辩。由于是第一批法学博士，经国家教委批准的朱勇等人的博士学位证书分别是001号、002号和003号。这三名博士生毕业以后，也都留校任教，继续在法学教育的岗位上作育英才，成为中国政法大学教学科研和管理的中坚力量。后来他们在中国法制史的领域继续开拓，发表了许多重要的论文和专著，成为专业领域内卓有成就的专家和中国法学界颇有影响力的知名学者。

可惜的是，郑秦教授于2000年英年早逝了。

郑秦（1943—2000），1965年毕业于北京政法学院。时值政治运动频繁之际，他被分配到广东西部的一个小城工作。1979年考入中国人民大学档案系，攻读中国政治制度史硕士学位，师从韦庆远教授。1982年毕业后在群众出版社工作，后在法律出版社工作。1987年获得博士学位后留校任教。1993年应聘为美国加州大学洛杉矶分校中国研究中心客座教授，还曾多次应邀赴美、日、韩、荷、法等大学和研究机构作访问学者。

郑秦教授对于中国法制史的研究一直没有中断，他的勤奋是同行们所共知的。然而由于后来身患重病，生前他留下的研究成果并不是很多。主要著述有《清代司法审判制度研究》（博士学位论文，湖南教育出版社1988年出版）、《中华法苑四千年》（合作）、《明清名案》（合作）、《清代"服制"命案——刑科题本档案选编》（主编）、《二十六史大辞典》（副总主编）、《中国法制史教程》（主编）等，并有论文四十多篇。

怀效锋（1951—）获得博士学位后，1991年晋升教授，1993年经国务院学位委员会批准为博士生导师。曾担任中国政法大学副校长兼研究生院院长、校学位评定委员会主席、校学术委员会副主任。1997年调往司法部任教育司司长，其后历任全国政协社会和法制委员会办公室主任、北京市高级人民法院副院长、国家法官学院院长、澳门科技大学法学院院长，现为汕头大学法学院院长，兼任中国政法大学教授、法律史专业博士生导师。主要著作有《嘉靖专制政治与法制》《明代中叶的宦官与司法》《十六世纪中国的政治风云》《明清法制初探》等二十余部，学术论文五十余篇。其博士学位论文《嘉靖专制政治与法制》开断代研究中国法制史的先河，凭借深厚的文史功底点校整理出明代主要法律——《大明律》《大明令》《问刑条例》，他对明代政治、法律的研究受到学术界的重视。

怀效锋教授1991年被国家教委、国务院学位委员会授予"做出突出贡献的中国博士学位获得者"荣誉称号，1992年获霍英东教育基金会高等院校青年教师奖（研究类）一等奖，并被评定为国家级有突出贡献的中青年专家，享受国务院颁发的政府特殊津贴。

朱勇教授（1955—）是三位博士中目前还在法大的唯一一位，现为中国政法大学教授、博士生导师、法律史学研究院名誉院长，曾任中国政法大学副校长兼研究生院院长。

1973年高中毕业后，朱勇来到安徽省合肥市郊区蜀山园林场插队。1978年2月在安徽大学哲学系学习，1982年入安徽大学法律系，师从著名法学家陈盛清教授，攻读中国法制史专业硕士学位。1985年2月师从著名法学家张晋藩教授，攻读中国法制史专业博士学位。1987年毕业留校。1993年晋升为教授。1995年任中国法律史研究所所长，1996年担任博士生导师。1998年调任中国政法大学法律系主任，兼任中国近代法律研究中心主任。2001年9月起任中国政法大学副校长兼研究生院院长，中国法律史学会执行会长，享受国务院颁发的政府特殊津贴。

↑ 1987 年朱勇参加博士学位论文答辩

朱勇教授在学术领域勤于开拓，不断创新，获得了丰硕的学术成果，迄今为止发表了大量的论文、合著和专著，《清代宗族法研究》《冲突与统一——中国古代社会中的亲情义务与法律义务》等论文，《中国法制史研究综述》《清朝法制史》等著作，均获得了学界的肯定。由张晋藩先生担任总主编、朱勇担任第九卷主编的《中国法制通史》是新中国第一套系统研究中国法制发展史的多卷本著作，曾获得国家图书奖。其专著《中国法律的艰辛历程》（黑龙江人民出版社2002年出版）为系统研究中国法律近代化的开拓性学术专著。另外，朱勇教授的译著《中华帝国的法律》（作者为美国汉学界著名学者德克·布迪及法学家克拉伦斯·莫里斯，江苏人民出版社2008年出版）是迄今为止西方汉学家同类研究中最重要的著述之一，1993年出版以后受到中国法律史学界的极大关注。

2016年12月9日，中共中央政治局就我国历史上的法治和德治进行第三十七次集体学习。时任中国政法大学法律史学研究院院长的朱勇教授就这个问题进行讲解，并谈了意见和建议。

目前，怀效锋教授和朱勇教授依然孜孜不倦地致力于推动中国法制史的研究和发展，是中国法制史学界的中坚力量。而中国政法大学法制史学科，从1984年至今已经培养了一百多名法制史的博士生，为法制史学科的发展和高端法学人才的培养做出了巨大的贡献。

第一批法学博士生的诞生，标志着法学高等教育的重大进步，法学高端人才的培养也迈开了步伐，中国政法大学的法学教育从此走上了更高的层次。

↑中国政法大学昌平新址旧貌

↑昌平新校区首届开学典礼

↑新校区奠基典礼大会

↑在新校区模型前合影

在美丽的军都山下

↑新校图书馆模型

↑1987年昌平教学楼

↑1988年中国政法大学法律系迎新会，作为系主任的
程啭秋老师在会上发言（地点是昌平校区食堂）

↑新校首届开学典礼合影

↑乔石、刘复之同志为奠基揭幕

↑乔石、雷洁琼等在主席台上

在美丽的军都山下[1]

相比于百年名校，法大是一所年轻的大学，而相比于70年办学历程，法大昌平校区的历史则更为短暂，从1985年初建到今天也仅仅三十余年。然而这短短的三十余年里，一所小而美的现代化校园从有到无，却也是充满了酸甜苦辣的故事。

根据建校方案，1983年成立的中国政法大学总规模应为7000人（学生）。党中央、国务院对中国政法大学的成立给予了相当大的关心，并要求将中国政法大学建成"中国政法教育中心、法学研究中心和法学图书资料信息中心"。但是当时的校园面积尚不足200亩，这样的条件显然和"中国政法教育中心"极不相称。

当时学校对校舍问题高度重视，为了缓解压力，1983年在学院路校园相继建成了一栋新的学生宿舍楼7号楼和一座使用面积达2000多平方米的新学生食堂。同时，新的图书馆、家属宿舍楼也陆续动工，师生员工的工作、学习和生活条件得到一定程度的改善。然而，单靠学院路校园的建设，已远远不能满足学校教学和生活的需要，狭小的校园也无法容纳更多的建筑物。新校园的建设成了当务之急。但是当时正是中共中央和国务院批准北京市总体规划的时候，明确规定大型学校一律不得在城内建校，所以法大只能选择在郊区物色新校址。

早在筹备建立中国政法大学的时候，筹建领导小组就决定在大兴县（今大兴区）黄村安排兴建新的中国政法大学校园。为了加强基建方面的落实工作，由陈卓、王建明（北京市建委副主任）、云光（原山东大学第一副校长、中国

---

[1] 本文参考了张廷斌先生的口述回忆。张廷斌，中国政法大学原副校长。

政法大学筹建领导小组成员）、余叔通（司法部教育司副司长）、赵知敬（北京市规划局副局长）、李秀（北京市建委处长）、吴觉（司法部基建干部）等7位同志组成筹建工作小组，由陈卓任组长，云光任副组长，作为建校工作的具体执行机构，进行具体工作。

在大兴黄村地已征完、线已划好的情况下，学校最终还是放弃了该地块。主要原因是，该地块处于南苑机场试飞区，而且400米外就是铁路线，每天有200多趟火车经过，噪声污染十分严重，并不适合作为学校的教学区和生活区。此外，此地距离首钢的排污区仅有1000米，再加上地处北京的下风口，四周又无山岭阻挡，春天沙尘一起，学校的师生将直接面对满天的沙尘侵袭。

此后，时任中国政法大学副校长的云光坐着一辆旧吉普车跑遍北京城区和郊区，先后考察了十几个地方，寻找合适的校址。最后看上了两个地方，一个是位于小营的北京市劳教所，一个是位于沙河的一块地。位于小营的劳教所占地三百多亩，共有两万多平方米的建筑，距离北京市区也比较近，是建设新校区较为理想的地方。可惜的是，最终北京市委没能通过。位于沙河的那块地，此时尚无学校入驻，相关配套设施也很不齐全，学校教职工家属无处就业，教职工子女也无处就读，最终也放弃了。

不久，北京市委决定，将昌平县（今昌平区）建设成为以科研、教育和旅游服务为中心的卫星城。经与有关部门协商，并经北京市政府批准，1984年，中国政法大学最终选定在昌平县择址兴建新校区，拟定征地557亩，建筑面积15万平方米。此时的昌平县城尽管相对比较落后，然而毕竟地处县城，相关的配套设施较为齐全。

学校最初选校址时，昌平县委建议学校选择路南的一块地，即在今中国石油大学所在的地方，因为当时这块地情况比较单纯。但是时任司法部部长兼中国政法大学校长邹瑜亲自考察后决定选择北边山脚下的位置（即现在的位置）。邹瑜说，北边靠山，同学们早上可以上山早读，锻炼身体，还可以上山游玩，陪同邹瑜视察的校党委书记陈卓也赞同这个意见，于是就定下了北边的地块。学校请来了北京市副市长冯元伟和昌平县委书记杨朝仕，商讨松园村的拆迁问题。在北京市和昌平县的积极协助下，顺利解决了拆迁问题。到1985年，征地工作完成，除松园村待拆迁外，其余建筑用地已投入使用。

1985年10月，第一期5000平方米工程破土试开工。学校征地的一大部分原属昌平县松园村村民的宅基地，1985年11月4日，学校请来了北京市副市长封明为、昌平县委书记杨朝仕商讨松园村的拆迁问题，在市委和县委的支持下，学校陆续解决了搬迁问题，当年年底，彻底完成了征地工作。

新校区建设于1986年4月正式开工。新校校园由国际大地建筑设计事务所设计，兼具中外建筑特点，教学区和学生生活的楼群相互衔接，布局新颖，10层（最后建成14层）的办公大楼与周围的模拟法庭（礼堂）、图书馆、体育馆互相呼应。教学楼、学生宿舍楼的朝向均与地球子午线成45°角，保证了室内的采光。与此同时，北京市决定由北京城建总公司负责新校的建设工程。

中国政法大学的新校区建设得到了中央领导的热情关怀和有关部门的高度重视。1985年底，15万平方米的校园总体规划得到了上级主管部门的审查批准，并列入了国家"七五计划"重点工程项目，要求在三年内建设完成，即在1989年全部完工。为了加强对基建工作的领导和监督检查，有关部门专门成立了以中央政法委员会副书记刘复之、北京市副市长张百发为首的中国政法大学建校领导小组。

到1987年4月，昌平新校区已基本完成约4.5万平方米的主体工程，昌平校区初步具备了教学配套能力。9月，当年录取的800名本科生和700名大专生到昌平校区报到。中国政法大学昌平校区迎来了第一批学生。

此时校园建设也同时继续进行，昌平校区的条件仍然十分艰苦。1987级的同学们来到学校之后，主体工程虽然完工，但校园里的道路等相关设施尚不完善，一遇到下雨就泥泞不堪。此时的昌平县城也相对较为落后。尽管学校地处昌平县城，但城区的道路狭窄，学校门前的道路只有两条车道，都是土路，到处坑坑洼洼。当时昌平电话局也只能为学校安装三部电话。在这样的情况下，昌平县委县政府积极支持学校的工作，在345路公交车十分紧张的情况下，于周末专门开了一趟进城的公交车，共计两台车，早上从学校大门上车，晚上从德胜门返回学校，一定程度上解决了同学们进城困难的问题。时任县长张耕为了改善学生的伙食，把全县有限的富强粉大部分给了学校。此外，学校教职工的孩子可以在昌平一中、昌平二中上学，昌平县委县政府还尽力协助学校解决了教职工家属的就业问题。

1987年，昌平校区主楼开始建设，到1989年完全建好。而在此之前，学校并没有专门的办公楼。学校刚开始在西环里买下两幢楼房办公，后来在学校附近租了个临街的房子，作为办公场所。第一期工程完成后，学校的办公地点搬到了现在的厚德楼，在百八十人的大教室里办公。这样的状况一直持续到主楼建设完成才有所改善。

1987年9月22日，学校在昌平新校区举行具有历史意义的新校首次开学典礼。典礼开始前，全国人大常委会副委员长陈丕显、彭冲，中央政法委员会副书记刘复之，司法部部长兼中国政法大学校长邹瑜，全国人大常委会法制工作委员会副主任、著名法学家张友渔，北京市副市长封明为等有关方面的领导出席了开学典礼，并参观了新校园。昌平校区第一次开学典礼的举行，标志着中国政法大学正式走上了两地办学的道路。

昌平校区的建设一直持续到1991年。从1985年开始建设，在五六年的时间里，先后建好了13万多平方米的校舍，[1]形成了较为完善的教学和生活设施。整个工程费用共计1.1亿元。到1989年，学院路校区两个年级的本科生毕业后，全部本科生均转移到了昌平校区。

从1987级开始，中国政法大学的历届本科生开始了在昌平学习和生活的日子。在二十多年中，昌平县改成了昌平区，八达岭高速也建设起来，基础设施建设也有了翻天覆地的变化。随着入驻高校的逐渐增多和各方面事业的发展，昌平区也渐渐繁荣了起来。

然而在最初搬迁到昌平的日子里，中国政法大学的老师和同学们面临着物质的贫乏、生活上的不便，以及昌平作为郊区交通不便和校区在地理上割裂而

---

[1] 昌平校区最初规划建设15万平方米，后减少为13万余平方米。

造成的精神孤立感。在八达岭高速尚未开通、公交车极少的情况下，老师们更需要面对两地办学带来的极大不便，奔波在两个校区之间。于是在那个年代，连接着昌平和北京市区的345路公交车就成了老师和同学们最重要的"进城"交通工具，甚至在一定程度上成为重要的精神支柱——他们只有在345这几个简单的数字里才能看到自己和"北京"之间的联系。

从另外一个角度来说，坐落在军都山下、十三陵水库边的昌平校园，尽管有种种不便，却也许比位于城区的学院路校区更适合学习和生活。二十多年来，中国政法大学的学子们背靠山岭，左邻水库，在鸟语花香中开始一天的生活。春来则登上山顶，俯瞰大地春回；秋尽可徘徊于水岸山麓，望众鸟高飞，山峰倒映。在水光山色之间，感受自然美景，读书闲谈，不失为人生一大快事。

多年来，随着校园的建设与发展，昌平校区不仅拥有了完整的生活区和教学区，建成了庞大的图书馆、崭新的体育馆和运动场，各项配套设施也相继完成，昌平校园绿树掩映、草木葱茏。同时，随着昌平城区的建设和地铁线的开通，两地办学的不便在一定程度上得到缓解。而从这里走出去的成千上万的法大学子，如今也都活跃在法治建设和经济社会发展的各个领域，以自己的力量助力中国特色社会主义建设，实现中华民族伟大复兴中国梦，推进全面依法治国，为母校争光。

↑校园新貌（摄影：田哲源）

↑ 江平

↑ 陈光中

↑ 张晋藩

↑ 李德顺

↑ 应松年

大师之谓也
——终身教授的诞生

大师之谓也

——终身教授的诞生

终身教授，这个源自美国教育界的称号之于2001年之前的法大是陌生的，不仅因为法大从未出现过这个称号，在当时的国内也没有几所高校敢开此先河。2001年10月12日，校党委常委会通过了授予江平、陈光中、张晋藩三位教授中国政法大学"终身教授"称号的决定，这在当时无异于一声惊雷，不仅对法大的教师是一种震动，对国内法学教育界也是影响巨大，2001年10月24日，法大通过新华网、《光明日报》《中国教育报》等具有全国影响的媒体，向社会高调宣布了授予决定，上述媒体纷纷以"三位法学大师成为中国政法大学终身教授"等显赫标题予以大力报道。

做出这个决定的是当时刚刚在法大履职不到一个月的新领导班子，他们代表学校在决定中指出，江平、陈光中、张晋藩三位教授几十年如一日工作在我国政法高等教育事业第一线，辛勤育人、严谨治学，对民商法学、诉讼法学、法律史学等学科的发展起到了奠基作用。他们为学校培养了高素质的学术梯队，对中国政法大学21世纪的建设与发展产生了积极的影响。他们在国内立法活动中取得了突出的成就，他们的学术思想已经产生了跨学科的影响，是学术界公认的大师级专家。从现在起，他们可以根据自身的情况，决定在国内外、境内外招收博士研究生，数量不受限制。同时学校尽可能地为他们的教学、科研及相关的社会活动提供条件，提高他们的待遇。

学校领导班子做出的这个决定在当时是有着深远的考虑的，不仅仅是因为三位老先生的崇高的学术地位和卓越的贡献，更重要的是希望能通过这个形式向校内外释放法大"尊师重道、善待贤才"的良好信号，以鼓励学校的年轻教师能以此为动力把更多的精力投入教学科研中。作为一个开端，学校在授予"终身教授"称号后不久便提出了"以教师为本位"的办学方针，并制定了一系列针对教师从事教学科研的激励政策，让法大教师们在感受中心地位的同时不断提升自身的水平，为法大在21世纪的腾飞奠定了坚实基础。

2006年和2009年，学校又先后聘任李德顺教授、应松年教授为"终身教授"，目前学校共有五位终身教授。尤其李德顺教授作为现有五位终身教授中唯一的非法学学科教授，更是代表了法大从单科性大学往多科性大学发展的决心。

江 平

1988年，担任了5年副校长的江平教授继邹瑜之后担任中国政法大学校长。说到江平先生，在法学界和法学教育界无人不知无人不晓。一方面是江平先生作为中国民法学界的泰斗，深深地影响了中国的法治进程；另一方面，无论是作为一位校长，还是作为一名学者、一个知识分子，江平先生都坚持了开放包容的精神。

江平先生的一生是坎坷的。在担任中国政法大学校长之前，他的人生道路上充满了令人扼腕的波折和不幸遭遇。

1948—1949年，江平就读于燕京大学新闻系，1951年入莫斯科大学法律系，1956年毕业。留学苏联回国后，江平进入当时的北京政法学院民法教研室，承担民商法方面的教学和科研工作。本想回国专心进行学术研究和教学工作，一波又一波的政治运动却接踵而来。1957年，反"右派"斗争开始，江平被打成"右派"，从此开始了长达22年的右派生涯。在这漫长的22年中，在自身和家庭接连出现变故的情况下，江平先生始终坚持着内心的信念，始终坚持着对真理的追求。

江平高中上的是一所教会学校，后来上的燕京大学也是外国人办的，早年的经历自然而然地造就了先生崇尚自由的性格。甚至更早以前参加的民主运动，反对国民党的统治，无非也是要民主，要自由。从这个意义上说，江平的青年时代所受到的熏陶主要就是自由与民主。回忆起自己当"右派"的历史，他说："我这个人，在多年的经历上，造就了追求自由的性格，自由高于一切。我的一生有两个东西，一个是只向真理低头，一个是自由高于一切。"

1979年，北京政法学院复办，教员复职开始，江平先生终于回到了阔别多年的讲台，终于回到日夜牵挂的学校，也终于等到了毕生事业的春天，终于有机会在事业上施展平生的抱负。

回到学校以后，江平率先开设了罗马法和西方民商法课程。在当时谈"西"色变的历史条件下，一旦有点风吹草动，显然就要受到批判，然而江平仍然顶着压力开设了在当时很少见的这两门课程。在当时的中国讲商法，讲股份制、公司制度、票据制度这些完全是市场经济的东西，对当时的中国来说无疑是新鲜的，学生非常欢迎。

同时，江平的研究成果也开始博得如潮好评。紧接着，江平主持全校教学工作，又开创一代新风气，许多优秀人才脱颖而出。在立法方面，江平与佟柔、王家福、魏振瀛等人共同起草了民法通则，并参与许多民商事规范的制定；在公法方面，与罗豪才先生、应松年先生等协作起草了行政诉讼法。1988年春天，江平当选为第七届全国人大代表，接着又被推举为全国人大常委会委员、法律委员会副主任，随后又被任命为中国政法大学校长。

在中国政法大学的历任校长里面，江平校长或许也应该算是开风气之先的了。当时学生们送给江校长一个称号叫作"民主校长"。这和江平一直坚持自由和民主精神有关，而作为校长，能够在学校里倡导真正的民主和自由，开放和包容，的确是难能可贵的。1989年之后，先生挂冠而去、归隐校园。对此他仍然以平常心处之，无怨无悔，只是多了两句口头禅，曰"知耻而后勇"，曰"只向真理低头"，昭示了一名法学家兼公共知识分子的风骨。

作为终身教授，用江平的话来说就是还没有退休。他说，"我现在所能够为社会做的还是呐喊，我现在的社会使命是呐喊。在我力所能及的时间内、范围内、影响力度上，我尽量为中国现代应该有的法律观念和法律做一些呐喊。呐喊总是能起到一些作用。"作为一名法学家，作为一位法学教育家，作为一个有着高尚品性和独立人格的"人"，江平先生影响了一大批人。而且，也必将继续影响有志于中国法治事业的后来者们。

陈光中

陈光中教授是继江平先生之后的中国政法大学校长。在担任校长之前，陈教授已从事法学研究和法学教育多年，并担任常务副校长，多年来直接参与学校的建设和管理。在刑事诉讼法学界，陈光中先生是无可争议的泰斗级人物。陈光中教授不仅是一位学术成就斐然的学者，是一位胸怀宽广的大家，也是一位培育了众多英才的法学教育家。

在中国政法大学，要论资历，陈光中先生应该算是老前辈了，是北京政法学院成立时最早的开创者之一。

1948年，陈光中考入国立中央大学法律系，1950年转入北京大学法律系。1952年，从北京大学法律系毕业后，陈光中来到了当时的北京政法学院参加学院的创建工作。其后的岁月里，北京政法学院几经变动，在接二连三的政治浪潮中曲折发展。一直到1983年北京政法学院更名为中国政法大学后，陈光中才从中国社会科学院法学研究所返校继续任教。1984年，中国法学会诉讼法学研究会成立，陈光中连续四届被推选为会长。1986年，经国务院学位委员会批准，陈光中成为全国第一位诉讼法学博士生导师。

陈光中教授从事学术研究和法学教育近七十年，传道授业，著述甚丰。法学界公认他为中国刑事诉讼法学的发展和中国刑事司法制度的改革做出了重大贡献。在1955年发表的第一篇学术文章中，陈光中明确呼吁我国应建立辩护制度并以无罪推定原则作为建立辩护制度的根据。在研究中国古代司法制度时，他推崇古代制度中一些优秀的遗产，与他人合作撰写了《中国古代司法制度》一书。该书资料准确、学术价值很高，至今在同类作品中仍属扛鼎之作。在20世纪80年代，他较早主张建立国家赔偿制度，反复倡导疑罪从无的原则，力主强化诉讼中的人权保障，呼吁进行审判方式改革。而1998年出版的《联合国刑事司法准则与中国刑事法制》，是与加拿大刑法改革和刑事政策国际中心合作完成的，对于我国批准加入国际人权公约具有重要的参考价值。

"学以致用"是陈光中教授一贯的治学方针。陈光中十分重视参与立法工作，曾多次参加各种立法咨询和征求意见的座谈会。1993年，受全国人大常委会法制工作委员会委托，陈光中牵头组织若干学者成立了刑事诉讼法修改研究小组，主持了刑事诉讼法修改研究工作。该小组在进行国内调查、国外考察的基础上，拟定了《中华人民共和国刑事诉讼法修改建议稿与论证》，为刑事诉讼法的全面修改提供了有价值的参考意见。该建议稿中约有65%的修改建议被立法机关采纳。刑事诉讼法修改完成以后，他立即着手研究联合国刑事司法国际准则，期望通过这个专题研究，推动我国刑事司法的进一步改革。近年来，他不断呼吁完善证据立法，并身体力行，牵头组织部分学者起草了《〈中华人民共和国刑事证据法〉专家建议稿》。

作为一位著名法学家，陈光中教授给人留下最深印象的，一是大家风范，二是胸怀宽广。作为校长，他鼓励解放思想、百家争鸣；作为教授、博士生导师，他培养博士生注重培养他们努力创新的精神。

如今，作为终身教授的陈光中先生仍然在学术研究、社会活动中辛勤工作着。在70岁寿辰时，陈光中先生出版了《陈光中法学文集》。在文集的序言中，他谦逊地表达了这样的愿望："'老骥伏枥，志在千里；烈士暮年，壮心不已。'我虽非'烈士'，但暮年壮志还是有一点，如苍天保佑，假以时日……为推进依法治国、建设社会主义法治国家再做一点贡献。"如今，先生已年过九旬，依然奋战在法学研究和法学教育的第一线。

张晋藩

同样是中国政法大学的终身教授，学术研究和教书育人在张晋藩先生的生命中是两个不可或缺的组成部分。法制史研究和研究生教育是先生一生中的两个辉煌成就。

张晋藩于1946年考入私立东北中正大学预科，次年又顺利进入本科。1948年，该校并入国立长春大学。当时正是战乱时代，解放战争进行得如火如荼，学校被迁到北平。在这一段学生时代的生活中，张晋藩参加过学生运动，也参加了新中国成立初的土改运动，经历了新中国成立前后一系列的变化。

张晋藩原是1949年设立的原中国政法大学的学生，后来学校大部分被并入中国人民大学。[1]1950年9月，张晋藩来到中国人民大学法律系攻读国家与法的历史的研究生。还是研究生的时候，张晋藩就已经踏上了讲台，开始了在这块土地上长达数十年的辛勤耕耘。对于年轻时被分配到法制史专业，很多人为他扼腕叹息——较之民法与刑法，法制史是一个冷僻的学科。张晋藩却不以为然，热爱文史研究的他在外人看来毫无趣味的法制史领域一待就是一辈子，为新中国法制史学的发展立下了汗马功劳。

在很多人忍耐不了学术研究的清苦与寂寞、纷纷逃离书斋，或走下商海，或走上仕途的时候，张晋藩选择了留下，依然进行着他的法制史研究。对此，他的回答是：一个知识分子的价值只有在研究中才能体现，无论是做官还是从商都不过是一时的风光，一个知识分子在做学问中创造的价值却是永恒的。

对于做学问，张晋藩先生讲究滴水穿石，积学待用。先生一生建树颇丰，著作等身，就是靠的这两句话的精神。特定的历史时期中，当学术研究、读书学习都已"不合时宜"的时候，他也没有因此中断研究，公开搞不了研究，他就在私下里继续着研究工作。打倒"四人帮"后的一个时期，是张晋藩发表文章最多的时期，正是由于此前长期的积累。直到现在，虽已到了鲐背之年，先

---

[1] 另有一部分与新法学研究院，及部分华北人民革命大学的干部，于1951年成立中央政法干部学校。

生仍每日伏案著述，笔耕不辍，奋斗激情与勤勉精神丝毫不逊于年轻人。

张晋藩先生作为一名教师同样辉煌，然而这辉煌中却渗透了点滴的血泪。在那个政治运动频繁的年代，波折不断。当被问及那段经历时，张晋藩先生只是淡淡地说"那段日子真的是很紧张"，除此之外，更多的竟不是怨尤而是感激：感激那个时候自己的学生依然坚定地站在自己一边。张先生说，"只要拿出全部身心教育学生，学生会给你回报的"。事实也是如此，在六十多年的执教生涯中，张晋藩先生真正将自己的身心投入教学活动，认真对待教学过程中的每一件事。而教育事业也成为张晋藩生命中的重要一部分。

1983年，张晋藩先生从中国人民大学来到刚刚成立的中国政法大学，担任研究生院院长。从此在研究生院院长一职上一干就是11年，为研究生院的筹办和发展花费了无数心血。当时国内研究生教育是个新事业，大家都没有经验，完全是白手起家。张晋藩先生带着一帮人，费尽心血，克服各种困难，才使中国政法大学研究生院一步步发展壮大。

首先是效仿蔡元培先生的办学思想，把当时国内的第一流的名家全部请到当时的研究生院参加学术讨论，指导硕士生学习和进行论文写作。瞿同祖、韩德培、佟柔、王铁崖等名家都是中国政法大学研究生院讲台上的常客，除此之外还有来自最高人民法院等实务部门的专家。当时的研究生院可谓星光璀璨，百家争鸣，被外界誉为"中国的哈佛法学院"。其次是顶着来自各方面的压力，给研究生配备最好的工作和研究条件，这在当时国内各大高校中是绝无仅有的。学生们没有辜负先生的信任，利用这笔相对充足的经费，他们进行了更多的社会实践和学术考察活动，成长非常快，后来他们中的大部分都成为国内学术领军人物和政法工作系统的骨干。

张晋藩先生把教育当作自己人生的头等大事来做，其中所用的心力，也是超乎我们想象的。先生在教育中一直很注重言传与身教相结合，把教育融入生活的每一个细节，通过对自己的严格要求来感化、影响学生。而他治学的刻苦勤勉，为人的严谨谦逊，工作的惜时如金，无不通过一个个细节深深影响着一代代学子。

李德顺

作为中国政法大学五大终身教授中唯一的法学以外的学科代表，李德顺教授提出的"人文法大　法大人文"既蕴含了法大对大力发展法学以外学科、多科性办学的方向，也提出了建设具有法大特色的人文学科的路径。

2005年，在时任校长徐显明、副校长张保生的力邀下，李德顺教授来到法大，并先后担任人文学院院长、国内首家国际儒学院常务副院长、《中国政法大学学报》主编等职。2006年，学校决定聘任李德顺先生为我校第四位终身教授。

此前，李德顺先生作为国内知名的哲学大家，在价值哲学领域进行了一系列探索和开拓，其"人民主体论"在学界受到广泛关注。1992年，李德顺被评为有突出贡献的专家，享受国务院政府特殊津贴。

在继续哲学研究的同时，李德顺先生也十分关心国家的民主法治建设，并在法治文化建设方面做出有益的探索。

担任人文学院院长后，李德顺先生为"人文法大　法大人文"的具体实施尽心尽力，在学科建设上做出"法学+文化"交叉学科的探索。经过十余年的发展，在校院两级坚持不懈的努力下，法大首创的"法治文化"新兴交叉学科逐步发展壮大，形成了特色和规模，其硕士博士点为培养高端法治建设人才开拓了新的渠道。

2006年，中国政法大学国际儒学院成立。国际儒学院的创办在拓展法大学科领域的同时填补了国内空白。作为国内第一个以儒学思想作为研究方向的学院，国际儒学院的成立得到了国际儒学联合会的大力支持，同时也受到了国内外各界人士的关注。法大终身教授李德顺先生担任国际儒学院第一任常务副院长。

2021年4月，中共中央办公厅、国务院办公厅印发了《关于加强社会主义法治文化建设的意见》。该意见指出，社会主义法治文化是中国特色社会主义文化的重要组成部分，是社会主义法治国家建设的重要支撑。这也再次印证了李德顺先生的独到眼光。

应松年

2009年5月，著名的行政法学家、新中国行政法学的开创者之一应松年教授，成为中国政法大第五位终身教授。

应松年教授1960年毕业于华东政法学院（今华东政法大学），在法律人才十分紧缺的情况下选择了去往新疆，开启了一段二十年的祖国边疆之旅。20世纪70年代末80年代初，西北政法学院（今西北政法大学）复办，因为师资极为缺乏，商请西北各省支援。身在伊犁的应松年调入西北政法学院，从此与行政法结下不解之缘。当时的行政法学没有教材，没有参考资料，为了讲好这门课，应松年翻遍图书馆，认真做笔记，并在西北政法学院的支持下，前往西南政法学院（今西南政法大学）、中南政法学院（今中南财经政法大学）交流学习、收集资料。最后，应松年来到北京，参与了第一部行政法统编教材的编写工作。恰逢中国政法大学成立，应松年便正式调入中国政法大学，参与筹备中国政法大学研究生院。

此后的岁月，应松年专注于行政法学的教学研究工作，并参与了《行政复议法》《行政处罚法》《立法法》《行政许可法》《行政强制法》《国家赔偿法》等一系列重大行政法律起草的工作，直接推动了国内首个地方性行政程序规定——《湖南省行政程序规定》的出台。

应松年始终坚持人民立场、充满家国情怀，始终把反映人民意愿、维护人民权益、增进人民福祉贯穿其法律研究、法学教学、法治宣传和法律实践之中。早在1990年，应松年就在报纸上提出了关于"依法行政"的意见，可见其敏锐的法律意识和过人的睿智思想。

更让应松年感到骄傲的，是他这几十年来培养了许多优秀的学生。20世纪80年代，中国政法大学招收了中国最早一批行政法学硕士研究生，应松年先后担任导师组副组长、组长，后又担任博士生导师，承担了培养中国第一代行政法学研究生的任务。"硕士上百名了，博士有几十个。许多人都羡慕我这一点，在学生身上，我也学到许多东西。人们将自我实现视为最大满足，对我来说，最大满足是学生们的成长！在他们身上，我感到了人生的延伸，理想的延伸。"

如果在众多的身份中选择一个，应松年最看重的，要属"教师"这个身份。"我越来越觉得教师工作非常好，如果有下辈子，我还要做教师。"[1]

在为国家法治建设和法学教育、法学研究做出重要贡献的同时，应松年也获得了一系列荣誉。作为中国行政法学的重要开创者，2019年，应松年获得"全国杰出资深法学家"称号。

---

[1] 宋韬："应松年：行政法学代言人"，载《民主与法制》2019 年第 26 期。

↑法治广场

↑法治天下碑

↑2002年，中国政法大学在人民大会堂举行建校50周年庆典

↑2001年，50周年校庆前夕，法大师生对　　↑校训的诞生过程
　校训展开大讨论

校训的诞生与法大精神

校训的诞生与法大精神[1]

2002年，中国政法大学迎来建校50周年校庆。在这一历史时刻前后，法大先后迎来一系列大事件：2000年，中国政法大学整建制划归教育部；2001年9月，学校领导班子迎来重大调整，并开展一系列重大改革；校庆前夕，时任中共中央政治局常委、国务院副总理李岚清视察中国政法大学，看望学校部分老教授和学科带头人；中国政法大学校友总会及各地校友分会纷纷成立。

这一系列的大事件激励和鼓舞着法大师生和海内外校友，围绕校庆展开的盛大庆祝活动则将所有法大人的心紧紧联系在一起，众多在校师生和校友参与了校庆的筹备与开展。在这个过程中，关于法大精神的讨论和校训的修改自然地出现了。

法大精神是什么？分散在五湖四海的法大人身上有哪些特质？是什么让我们对饱经风雨的母校满怀眷恋？这些问题，不但是师生和校友关心的，也被提上了校党委常委会的议事日程。

中国政法大学原有的校训是40周年校庆的时候确定的——"团结、勤奋、严谨、创新"。这一校训朴实无华，却也过于宽泛，与众多高校乃至中小学校训过于雷同，无法体现法大特色。

针对部分师生和校友的提议，校党委宣传部在全校范围内征集校训建议。2001年11月，校党委宣传部印发了500份征集启事在全校发放，并通过校报、广播、橱窗、校园网同时征集。征集的结果出乎大家的预料——广大师生对于

---

[1] 本文参考了晓理、琳琳："新校训是这样诞生的"，载《中国政法大学校报》总第413期，第4版。

校训的关注度实在太高了！征集启事发出的第二天，即有老师发来第一份校训建议稿。在此后数月间，许多法大老教授、离退休老干部、青年学者纷纷抽出时间，贡献自己的智慧，将自己对于法大精神的理解凝聚成校训建议稿，用电话、传真甚至通过班车转送到党委宣传部。

凭借广大师生对母校的热爱和如火的热情，校训征集迅速推进。2002年初，在对征集来的校训建议稿进行收集、整理、汇编成册后，宣传部又通过多次召开座谈会、对征集来的校训进行展示、发起网上投票等方式，进一步向师生广泛征求意见。对于体现法大精神、凝聚所有法大人的校训，校党委高度重视，2002年2月至4月，校党委常委会多次召开会议研究讨论校训。经过认真而严谨的研究，最终，中国政法大学新校训确定为——厚德、明法、格物、致公。

新的校训厚重沉稳，包容大气，包含了人文精神、法治精神、科学精神和公共精神各个方面的要素，是对法大精神和大学价值的凝练和升华，既是法大人的精神追求，又是法大人的行为指南和自我要求。

"厚德"源自《易经》的"天行健，君子以自强不息。地势坤，君子以厚德载物"，意在培养师生优良的公民道德、职业道德、政治道德，增厚美德，容载万物。这是人文精神的凸显。"明法"取自《管子·明法》，意求师生学法、懂法、守法、护法、用法，以法治天下、建设法治中国为己任。这是法治精神的体现。"格物"出自《礼记·大学》的"致知在格物""格物而后知至"，意促师生实事求是，求真务实，有科学的思维和理性。这是科学精神的写照。"致公"取法于《礼记·礼运》的"大道之行也，天下为公"。此处"致"从"至"，"致公"也为"至公"，出自《管子·形势解》的"风雨至公而无私，所行无常乡"，意为师生要坚持和弘扬公平正义的价值观，有仁爱亲民，献身公益，服务公众的社会责任感。这是公共精神的张扬。

四目八字的校训，不仅朗朗上口，好懂易记，而且鲜明地体现了法大特色，以及法大的办学理念和人才培养目标。

"明法"二字，即突出地体现了中国政法大学"中国法学教育最高学府"特色。法大以法学教育为特色，自创办以来为中国法治建设培养了大量优秀的人才，他们活跃在法治建设的各个岗位上，为推动法治昌明、社会进步做出巨大贡献。

在法大，法学教育和法治氛围很浓，校园内塑有法鼎、法镜，还有镌刻着"法治天下"的石碑；有宪法大道、婚姻法小径，还有镶嵌着《世界人权宣言》全文的法治广场……具有法治精神是法大人的特质。正是在"明法"校训精神的激励下，一代又一代法大人走向社会，在各行各业恪守信仰，践行法治，为全面依法治国做出了突出贡献。

同时，只具备法治精神并不全面，人文精神、科学精神和公共精神同样不可或缺。校训涵养着学子的精神气质，要看到校训的四目是整体，不能有所偏废："厚德"强调为人，"明法"强调为事的规矩、法度，"格物"强调为学，而"致公"强调为事。法大人天然"明法"，具有法治精神的特质，但不可忽略"厚德"的培养、"格物"的训练和"致公"的追求。不然，就会陷入法治形式主义、法治机械主义、法治文牍主义的泥潭。

中国政法大学在人才培养过程中，坚持"立德树人，德法兼修"理念，贯彻全员全程全方位育人要求，通过教学互动、通专并举、虚实结合、内外联动，强化通识教育和实践教学，促使学生不仅要具有法律素质和法治精神，还要具备人文情怀、科学理性、健全人格和社会责任感，成为完全的人、完整的人、全面发展的人，而不是法律工匠。

"厚德、明法、格物、致公"八字校训的产生，汇集了所有法大人的智慧，也凝聚了法大人的共识，既是对法大精神、办学理念的一次全面思考和凝练，也是对法大人才培养的一次总结和办学方向的探索。这短短的八个字，背后包含着多少人的耕耘与付出，更是饱含着多少人的热爱和期待！

↑刻有校训的法鼎

"非典"中的典型生活

"非典"中的典型生活

　　2003年3月，一场突如其来的传染性非典型肺炎疫情在短时间内席卷了全国大部分省市，严重威胁了人民群众的身体健康和生命安全，也影响了我国的经济发展、社会稳定和国际交往。这场在后来被称为"非典"的疫情，在2003年初首先发生在广东省，很快便扩散到广西、山西、北京等省、自治区和直辖市。全国内地（港、澳、台另计）除海南、贵州、云南、西藏、青海、黑龙江、新疆外，均有"非典"临床诊断病例报告。

　　面对"非典"疫情的肆虐，在谣言四起、人心不稳的时刻，中国政法大学的师生们经受住了考验，积极投入抗击"非典"疫情的工作，配合学校的各项措施，不仅做好了"非典"期间全校"非典"疫情的防控工作，同时也灵活变通，在"非典"期间采取多种多样的教学方式，有力地保证了教学工作的正常进行。

　　2003年4月16日，在北京市"非典"预防工作全面开展的情况下，为了更好地完成学校"非典"预防工作，加强组织领导，学校专门成立了以校长徐显明为组长的预防"非典"工作领导小组。领导小组成立后，马上投入工作，多次组织各单位负责人召开会议，对预防"非典"工作进行了周密的部署。

　　校医院和学校各媒体积极组织起来，向全校教职员工和广大同学大力宣传有关预防"非典"的知识。校报以专版形式刊登了有关防治"非典"的文章，校广播台也连续广播预防"非典"的注意事项，新闻网上同时发布了相关的防治常识，橱窗张贴了两期"非典"防治宣传资料。

　　校医院、后勤等相关单位组织人力对学校办公楼、学生宿舍、教室、图书馆、礼堂以及学生食堂进行全面的、经常性的、彻底持久的消毒。校医院也为师生准备了预防"非典"的药物。后勤部门加强了食堂、公寓服务人员的自我防治工作，工作人员在上岗时都戴上了口罩、手套等。

随着预防控制"非典"工作的进一步深入，校党委连续召开常委会扩大会议、"非典"预防控制专门工作会议，对全校的"非典"防治做出部署和安排。2003年5月5日，中国政法大学"学生党员重温入党誓词暨'非典'防控誓师大会"在昌平校区足球场举行，党委正式启动"钢铁堡垒"及"红色尖兵"行动计划，把全校学生党员紧密团结在校党委的周围，更好地发挥党员的先锋模范作用，与"非典"做长期而持久的战斗。

为了响应校党委"认真学习、科学锻炼、健康娱乐"的号召，全面落实校党委的"钢铁堡垒"及"红色尖兵"计划，在各院分党委的带领下，各基层党支部纷纷结合自身实际开展了一系列活动，进一步发挥了党员的先锋模范作用，在"非典"时期，关爱同学们的生活、学习和健康。

基层党支部的党员们活跃在团员先锋岗、年级办和校园里的各个角落，通过热线电话为同学们答疑解惑、在宿舍楼值班协助楼管员工作、为家属区报纸订户送报纸、成立供水服务队为同学们送水、组织后勤服务队为同学们统一购买生活用品等实际行动，解决了"非典"封闭校园期间同学们的实际问题，赢得了广泛的赞誉。在党员的模范带头作用下，在"非典"封闭校园期间，学校秩序良好，同学们利用这段时间充分开展学习、娱乐、体育锻炼等各项活动，以饱满的精神面貌和"非典"病毒做斗争。

"非典"期间，由于校园封闭，老师和同学们无法自由出入，学校的教学和其他各项工作受到了影响。为此，学校发布《关于调整教学方式进行教学活动的通知》。为了使同学们在"非典"期间能够保持正常的学习状态，各院积极落实，灵活变通，采取"撰写研习论文""空中课堂""网上教学""露天讲座""现场答疑""户外实验""广播教学"等多种多样的教学方式，有力地保证了"非典"期间教学工作的正常开展。

为了帮助部分同学解决授课方式改变带来的学习困难，也让同学们在"非典"期间能与导师进行面对面的交流，研究生院特别开设了研究生"露天课堂"。在露天课堂上，导师们为研究生答疑解惑，并指导学年论文、毕业论文的写作。2003年5月19日，邬名扬教授来到研究生院为2002级博士生露天讲授马列课程，首开露天课堂。5月20日，四五十名在校研究生们来到学院路图书馆台阶上，聆听了"中国经济学前沿问题"讲座。同日，校党委副书记兼副校长马抗美教授在抗击"非典"工作十分繁重的情况下，来到研究生院的小花园里，为研究生们上课。

除了露天课堂，网上课堂、广播教学、电话指导等新的授课方式也在各个学院有条不紊地进行着，保证了同学们学习需求的满足。此外，流动图书馆、特别英语角、读书小组活动等学习方式也受到了同学们的欢迎。

此前即2003年4月29日，应北京市卫生局的要求，学校校医院抽调3名医务工作人员前往北京市防控"非典"第一线参加工作。当晚接到通知后，校医院吕宪华、杜飞、董桂芝三位同志当即主动要求第一批赶赴防控一线，其他同志得知此事后也纷纷报名参加。5月1日，吕宪华、杜飞、董桂芝三名医务人员赶赴防控"非典"工作第一线。

在"非典"期间，学校共有一名同学被确诊，一名同学在住所被隔离观察，一名同学留校观察。4月28日，法学院2000级法理专业一名硕士研究生同学，因发烧被送至通州区兴华医院，其后被确诊为非典型肺炎。5月3日，该同学被转入小汤山医院接受治疗，经过一个多月的精心诊治后基本痊愈。5月31日，法学院研究生工作办公室主任赵斌同志会同校医院医务人员秦红同志前往小汤山医院将该同学接回学院路校区。在该同学接受治疗期间及回校前后，学校防控"非典"领导小组、校领导及法学院领导都给予高度重视，对各项具体事宜进行妥善安排，并将该同学的情况及时向在校同学通报。该同学回校后，法学院为他送去了各种生活用品，并嘱咐他安心接受观察。该同学情绪稳定，健康状况良好。

在三位同学隔离观察和治疗期间，校长徐显明通过电话向他们表达了学校全体师生对他们的深切慰问和关怀，询问了病情、治疗情况和生活情况；同时表示学校将对他们的学习做出适当的安排，解除他们的后顾之忧，并祝愿他们早日康复。

在校党委的领导下，在学校各部门、基层党员和每一位老师同学的共同努力下，中国政法大学防治"非典"工作取得了胜利。在疫情面前，法大人表现出了应有的理性、坚强和乐观精神，也体现了极强的组织性纪律性。在持续数月的"非典"期间，法大也再一次凝聚了人心，昂扬了斗志，在"非典"结束后迅速投入学校的各项工作，很快恢复了正常的生活和学习状态。

光明日報

GUANGMING DAILY

总 理 同 大 学 生 谈 心
——温家宝与中国政法大学学生共度"五四"青年节

中国政法大学

校 报
CHINA UNIVERSITY OF POLITICAL SCIENCE AND LAW

2008年5月4日 专刊 共四版

国内统一刊号：CN11-0825（G） 网址：http://newspaper.cupl.edu.cn

学校召开党委常委会认真学习温家宝总理视察法大重要讲话精神

依法治国之路 法大任重而道远
温家宝总理"五·四"青年节亲切看望法大学子

↑ 媒体报道

弘揚法治精神
培育法學新人

江澤民

二〇〇二年五月一日

↑ 江泽民同志为学校50周年校庆题词

热烈祝贺中国政法大学五十周年
建设社会主义法治国家
培養優秀政法人才

李鵬

二零零二年一月十五日

↑ 李鹏同志为学校50周年校庆题词

修明法之道
立公正之德

溫家寶

↑ 温家宝同志题词

依法治国之路，法大任重而道远
——来自中央领导的关怀与期望

依法治国之路，法大任重而道远

——来自中央领导的关怀与期望

2008年5月4日，是一个全体法大人都为之振奋的日子。这一天上午，中共中央政治局常委、国务院总理温家宝专程来到法大学院路校区，亲切看望青年学生，与大家共度五四青年节，代表党中央、国务院向广大青年朋友表示亲切的慰问，并致以节日的祝贺。

温总理的到访或许有很多深意，但是选择法大这所国内最具代表性的法学教育学府，其最重要的一条意义便是显示了中央对依法治国战略的重视。诸多深意的背后，却有一条不为众人所知的原因，这便是缘于法大学子在2007年11月写给总理的一封信。

"作为法大学子，我们真诚地希望您能从百忙之中抽空来到我们的校园，希望与您一同漫步于'宪法大道'，一同走进'明法楼'，一同在'法治广场'欢笑，我们希望能聆听您对法治明天的期许，聆听您对将要成为中国法治建设者的大学生们的指导与期望。而这一切，也将成为法科大学生们，以及立志于，正在，并将尽其一生致力于法治建设的法律人最大的精神号角，鼓舞我们奋进！再一次，我们对总理提出最诚挚的邀请！"

这是法大学子给温家宝总理致信中的一段话，寄托了法大人对温总理的盛情邀请和期待。恰恰是这段话打动了温总理，也给法大师生带来一个不同寻常的青年节。

当日，中共中央政治局委员、国务委员刘延东，教育部部长周济，国务院研究室主任魏礼群，学校党委书记石亚军、校长徐显明等全程陪同。校领导马抗美、冯世勇、朱勇、张桂琳、张柳华、张保生、李书灵、马怀德、高浣月参加了接见。

刚刚经过春雨洗刷的绿荫，在明媚的阳光下显得格外葱郁。上午10时，温家宝总理一行在学校海淀校区东门外踏出车门，步入中国政法大学。虽然正值假期，但在校门口和教室的窗前仍然挤满了闻讯而来的同学，他们翘首以待，热烈欢迎温总理的到来，"欢迎总理""温总理好！""欢迎温总理来法大"等欢呼声响彻校园。

在石亚军、徐显明等人陪同下，温家宝总理一行走向图书馆，面对前来欢迎的学生，温家宝总理热情地与他们握手，饶有兴趣地询问了他们的专业、年级和学习、生活情况，并祝大家节日快乐。

在法学图书馆一层古籍善本室，温总理与江平、陈光中、张晋藩、潘汉典[1]、巫昌祯[2]等一批终身在中国政法大学从事教育、研究的老专家、老教授一一握手，不时关切地询问专家教授们的身体情况。法大的法学图书馆不仅有全国最丰富的现（当）代中文法律图书，而且有清末民初版珍贵法律图书，在这里，温总理认真查阅着古籍善本，并不时向专家们询问法律历史方面的问题。

张晋藩教授代表七十余位专家将历时19年编纂的《中国法制通史》赠送给温总理，温总理接过《中国法制通史》厚厚的卷册时连声表示感谢，并说："我们要更好地依法行政。"在了解到中国政法大学对国家法治建设的贡献后，温总理指出，中国政法大学应该是中国法学的教育中心、培训中心、科学研究中心和资料中心。随后，他还欣然提笔，在留言册上签上自己的名字，写上日期。

图书馆二层阅览室，同学们正在读书看报、查阅资料。拾级而上，温总理

---

[1] 潘汉典（1920—2019），著名法学家、法学翻译家，中国政法大学教授、博士生导师，中国政法大学比较法研究所创建人、原所长。2012年12月6日，被中国翻译协会授予"翻译文化终身成就奖"。主要译著有《比较法总论》《英吉利宪法》《英格兰状况》等。

[2] 巫昌祯（1929—2020），江苏句容人，我国资深法学家，中国政法大学教授、特聘博士生导师，婚姻家庭法学教学研究的先行者，中国婚姻家庭法学学科的奠基人之一，中国法学会婚姻家庭法学研究会的创始人之一。

走入学生们中间，寂静的阅览室顿时热闹起来。一百多名正在看书的学生用热烈的掌声，欢迎温总理的到来。温总理说，之前收到了中国政法大学全体师生的信，感受到了法大同学的热情和对法治精神的追求，2008年是提出依法治国方略十周年，所以就在青年节这一天来看望法大的同学，与同学们交流一下对法治建设的看法。

同学们争先恐后地就自己关心的问题逐一提问，请总理答疑解惑，从学习到生活，从法治、教育、物价、就业等问题到对爱国主义的理解，温总理一一作了认真而深入的回答。

"依法治国不仅是中国特色社会主义事业重要的组成部分，而且是一个成熟社会的标志；发展民主、健全法制、依法治国不仅是我们的治国方略，而且是每一个百姓自身权利和自由的根本保障。一个国家重视法治，就必须重视法律人才的培养，目前我们国家法律人才远远未能达到建设法治国家的需求，所以培养法律人才是我国非常紧迫而且具有长远意义的任务。"温总理饱含期待地说道，"中国政法大学作为国内法学教育的最高学府，任重而道远"。

同学们围绕着"依法治国"这四个字，向总理提出了一个又一个问题，总理和学生们的对话气氛越来越热烈。

"我曾经说过，如果说，发展经济、改善民生是政府的天职，推进社会公平正义就是政府的良心。"温家宝说："公平正义的含义很广，从收入分配，到教育权利，但很重要的是司法公正，就是'立法必当求其公，执法必当务其平'。我们常讲的发展经济和社会和谐，其实都离不开法治，法治是基础。"总理铿锵有力的话语，感动着在场每一位学子，阵阵掌声响起。

法治社会应包含哪些内容？法治精神又该如何理解？民商经济法学院博士生苏蓓向总理提出了自己的问题。

"你们学校门口的一块大石头上写着'法治天下'，这就抓住了法治精神的核心。"温家宝这样解释法治精神："一是宪法和法律的尊严高于一切；二是法律面前人人平等；三是一切组织和机构都要在宪法和法律的范围内活动；四是立法要发扬民主，法律要在群众中宣传普及；五是有法可依，有法必依，执法必严，违法必究。"说到这里，总理加重了语气："天下之事，不难于立法，而难于法之必行！"——学生们认真地把总理说的话记在笔记本上。

当同学们提到法大的校训是"厚德、明法、格物、致公"时，温总理表示了赞许和肯定，他强调，明法与明道是有机统一的，前者是法律的约束，后者是道德的约束，法律与道德的关系是法治精神的一个基本原则。一个学习法律的人，对自己思想道德和人格的要求更为重要。

民商经济法学院硕士研究生孙潇对总理说，"民生问题是您一直关注的社会问题，今年的政府工作报告也提出改善民生的立法工作，您对民生与法治的问题是如何看待的？"温家宝说，解决民生问题的各项政策，只有当其成熟上升为法律制度，才有根本性、长期性、稳定性，才能保证人民长期受益。教育、医疗服务、收入分配、社会保障都是这样。

随着讨论的深入，同学们抢着与总理交流。有同学介绍到中国政法大学每年新生入学的时候，都要经历一个神圣而又庄严的仪式，法学职业宣誓仪式，那就是"除人间之邪恶，守政法之圣洁"。温总理听后连声称赞说："法律至关重要，法律教育至关重要，法学人才至关重要。"

不少同学请总理向中国政法大学的学生提出希望。温家宝用温煦而又充满期待的目光环视着围拢在身边的学生们，语重心长地说："你们将来要做法官，要断案，要执法，能否做到公正，十分重要。对一个学法的人来说，要对国家、对社会、对人民有高度的责任感，要有一颗公正的心，首先要爱这个国家。我这个人有很多缺点，但是有一点我是不敢落后的，就是爱国。"总理说，"我的每一滴血液、每一个细胞，甚至将来死了烧成灰，每一粒灰烬都是爱国的"。几秒钟的安静之后，现场爆发出了最热烈的掌声。

在同学们充满激情的掌声中，温家宝总理勉励同学们，今天讲爱国，就是要为振兴中华自强不息，开放兼容，长期奋斗。中国政法大学要成为培养法律人才的摇篮、培训法律干部的基地、进行全民普法教育的学校。

如春风化雨，总理真诚而朴素的话语滋润着同学们的心田。研究生陈雪梦说，"我学到了在课堂上学不到的东西。看到总理这么重视法律、了解法律，听到总理对我们的希望，感到责任重大，我们会更刻苦地学习，为建设法治国家做出贡献。"

沿着绿树掩映的校园小路，温家宝总理走向学生宿舍。还有几百米的距离，学生们就挥动双手、欢呼着迎接总理。在一间狭窄的学生宿舍里，同学们把总理围在中间，亲热地聊了起来。总理对大家说，希望大家发奋学习，既要学好专业，又要开阔视野，成为现代化建设的杰出人才。

中午时分，温家宝总理走进了学生食堂，拿起托盘来到窗口前，要了一份苦瓜炒肉、西红柿炒鸡蛋和一块发糕，径直走到长条桌旁，与同学们一起谈笑风生，津津有味地吃起了午餐。

那一段时期，物价上涨幅度比较大，温家宝总理十分关心学生们的生活。饭菜的价钱贵吗？能买半份菜吗？有没有奖学金、助学金……总理问得十分仔细。他对同学们说，针对物价上涨，最近对普通在校大学生每月发20元生活补贴，特困生每月40元，我们要努力做到让大学生的生活水平不因价格上涨而下降。吃完饭，温总理还特意来到厨房向食堂师傅们道声辛苦，希望他们为师生们做出更好的饭菜。

两个多小时的时间里，从办公室到教室、从宿舍到食堂，总理所到之处欢声笑语、春意融融。已是中午12时30分，温总理走出食堂，向等候已久的同学们热情问候，并一一同前排的同学握手，场面热烈感人。

当日12时35分，温总理的车队在数千师生依依不舍的目光中驶出学校东门，温总理的谆谆教诲永远地留在了中国政法大学的校园，留在了中国政法大学师生的心中。

推动"依法治国"，法大任重而道远，这不仅仅是温家宝总理对法大的期望，也是中央对法大所寄予的厚望。早在2002年2月，学校50周年校庆前夕，时任中共中央政治局常委、国务院副总理李岚清便到访法大，要求法大为解决我们国家改革与发展中的法律问题做出积极贡献，并努力培养出高素质的法律人才，满足经济和社会的需求。2005年4月，全国人大常委会副委员长李铁映在视察法大时也指出，中国政法大学是全国人大工作最得力的助手，并希望法大能把建立中国法系作为自己的历史使命。

中央领导对法大的视察，不仅是对法大作为法学教育最高学府的充分重视，也必将给中国的法治带来一个新的发展契机。

附件：

中国政法大学全体学生致温总理的一封信

敬爱的温总理：

您好！

在信的开头，请允许我们，中国政法大学全体学生对总理表示最真诚的问候，对您担任共和国总理五年来为党和国家付出的辛劳汗水以及做出的卓越贡献，致以最诚挚的感谢！

在党的十七大胜利召开的日子里，为迎来祖国建设又一个新起点，人民欢欣鼓舞。作为一名法大学子，国家的法治建设和发展无时无刻不牵动着我们视线的焦点，我们更关注十七大报告中依法治国和建设法治政府等内容。

在继续要求"全面落实依法治国基本方略，加快建设社会主义法治国家""坚持科学立法、民主立法，完善中国特色社会主义法律体系""加强宪法和法律实施""推进依法行政""深化司法体制改革"的基础上，十七大报告强调"民主法治"是和谐社会第一要素，强调宪法和法律的"权威"，并首次提出"树立社会主义法治理念""弘扬法治精神"两个重要概念……这一切，指明了法治建设新的方向，吹响了法治征程新的号角。

回首"依法治国"基本方略提出10年，我们为母校感到自豪，身怀党中央赋予的，"建成'中国法学教育中心、法学研究中心、法学图书资料信息中心'"的崇高使命，学校55年发展经历的跌宕起伏，始终与国家法治兴衰同程共径：从1954年《中华人民共和国宪法》到2007年3月《中华人民共和国物权法》，共和国几乎每一部重要法律的制定和完善，都凝聚着母校的心血和汗水；作为共和国法官和检察官的摇篮，55年来，母校累计为国家培养了十万余名高级专门人才，广大毕业生活跃在各级公安、检察、法院、司法行政、安全、纪检监察等部门，是中国法治建设中当之无愧的中坚力量。

法大是我们的骄傲。当初选择法大时，我们就已经立志献身于祖国的政法事业，如今，作为一名光荣的法大学子，我们更清楚地知道学校的存在对于社会主义法治建设所具有的天然而重要的意义，通过学习十七大报告，党中央的指示更加坚定了我们"经国纬政、法泽天下"的远大抱负，我们将努力学习，积极进取，培养高度的社会责任感，树立诚实守信的理念，积淀深厚的人文情怀，以推动我国政治进步、法治昌明、社会繁荣为己任，秉承"厚德、明法、格物、致公"的校训精神，将来步入社会后继续为我国法治建设贡献赤诚之心力、青春之热血。

作为共和国的总理，您对依法治国、建设法治政府一直以来的关注和努力同样感动着每一位法律人。

本届国务院组成后的第一次全体大会上，那时刚刚当选为国务院总理的您，明确提出要把依法行政作为政府工作的三项基本准则之一。对于法治，这是一种承诺。

2004年3月22日，在您的主持领导下，国务院制定并发布了《全面推进依法行政实施纲要》。纲要明确了今后10年全面推进依法行政的指导思想和具体目标、基本原则和要求以及主要任务和措施，确立了建设法治政府的目标。对于法治，这既是理论的发展，又是承诺的兑现。

2007年3月5日，在第十届全国人民代表大会第五次会议上，您在政府报告中提到：要加快建设法治政府，深入推进反腐斗争。十七大召开期间，您参加四川代表团讨论，再一次指出政府要依法行政、清正廉洁。对于法治，这是一种总结，更是一种强调，最是一种坚持。

作为共和国的总理，无论是世界政治发展趋势使然，还是中国国情决定，抑或个人信仰驱使，您承诺、发展、兑现、总结、强调并坚持了中国在法治道路上的第一步和每一步，我们相信您的关注和努力定将成为共和国法治巨舸不竭的前进动力。

敬爱的总理，在大学生心目中，您一直保持着和蔼可亲的形象。您对大学生成长的关怀已经被传为一段佳话。我们忘不了，2003年，全国上下笼罩在"非典"的阴霾之中，您来到北京大学，鼓励大学生打好防治非典型肺炎的攻坚战，齐心协力，共渡难关；同样是2003年，在中国农业大学，您的一席话打动了在场的所有人，"三农"问题从此在大学生的心中烙下了更深刻的印记；而从2005年到2006年，您总是从百忙之中抽空，在北京大学、北京师范大学与大学生们共度五四青年节；今年的教师节，为了在全社会真正形成尊师重教的氛围，您在北京师范大学与师范生一同度过，人们因此亲切地称您"教育总理"。

如今，法大学子们更希望您能成为"法治总理"，在"依法治国"基本方略提出十周年之际，恰逢十七大的召开，会议再次显示了党和国家法治天下的坚强决心。作为法大学子，我们真诚地希望您能从百忙之中抽空来到我们的校园，希望与您一同漫步于"宪法大道"，一同走进"明法楼"，一同在"法治广场"欢笑，我们希望能聆听您对法治明天的期许，聆听您对将要成为中国法治建设者的大学生们的指导与期望。而这一切，也将成为法科大学生们，以及立志于，正在，并将尽其一生致力于法治建设的法律人最大的精神号角，鼓舞我们奋进！

再一次，我们对总理提出最诚挚的邀请！

谨祝总理：

身体健康！

工作顺利！

中国政法大学全体学生

2008年10月19日

↑中欧法学院成立大会现场

↑中欧法学院楼

博弈与双赢
——中欧法学院落户法大

博弈与双赢

——中欧法学院落户法大

2011年6月23日，在位于法大昌平校区的明法楼405教室里，正在为一批行将离开这所校园的同学举行毕业典礼。与法大其他毕业生有所区别的是，端坐于此的同学大部分都获得了中国法学硕士和欧洲法学硕士的"双硕士"学位，这与飘扬在明法楼前的那三面旗帜共同印证了一件事——他们是中国政法大学中欧法学院的毕业生。而2011年的毕业生已经是该学院的第二届毕业生了。

把镜头前推至2008年10月23日的中国政法大学礼堂，中共中央政治局常委、国务院副总理李克强和欧盟委员会主席巴罗佐（Jose Manuel Durao Barroso）共同为中国政法大学中欧法学院揭牌，开启了中欧法律交流的新纪元，如此高规格的典礼也象征了中欧法学院的重要地位和意义。然而作为中欧双方在教育领域合作的重要项目，中欧法学院能落户法大却并非一帆风顺。

中欧法学院的成立首先要感谢的是她的"姐姐"——中欧国际工商管理学院。1994年欧洲委员会和中国原外经贸部在上海共同创办中欧商学院。该学院在中国的发展非常顺利，赢得了良好的国际声誉，并且做到了资金自给自足，不再需要欧方的资助。2004年6月，欧洲政策中心主任斯坦利·克罗希克（Stanley Crossick）在《欧洲之声报》上表示"欧方目前正考虑将省下来的资金在华再创办一所中欧法学院"。这是有关创办中欧法学院的言论第一次见诸公共领域。

其实早在2000年，中欧双方就启动了中欧法律和司法合作项目，专门为中国法官、检察官和法律专业人员设计欧洲的培训方案。作为中国最大规模的法律合作项目，欧盟委员会在随后的6年里为该项目提供了1300万欧元的资金。2005年该合作项目即将结束，中国政府和欧洲委员会达成初步协定，希望在该合作项目的基础上建立一个长期的机构即法学院，以进一步加强中欧在法律方面的合作。2006年9月，中欧在芬兰首都赫尔辛基召开第9次中欧峰会，会后双方发表共同声明，其中一项就是"双方领导人赞同合作举办中欧法学院，欢迎欧方的赞助。双方有关部门将继续就此协商尽快达成协议"。2007年1月，中国政府与欧洲委员会签署了旨在组建中欧法学院的"财务协议"，协议规定用招标方式确定中欧法学院项目的承担者。

至此，中欧法学院项目正式迎来了诞生的契机，作为国内法学教育具有代表性地位的中国政法大学自然不会放弃这个难得的机遇。早在2006年7月7日，时任中国政法大学校长的徐显明教授在应邀访问欧盟欧洲委员会驻华代表团时，便向赛日·安博（Serge Abou）大使表示法大有意参与中欧法学院项目竞标，希望获得与项目有关的更多信息。在中欧双方达成项目协议后，2007年4月，中国政法大学立即组建了以校长为组长的"中欧法学院筹备工作领导小组"，负责项目竞标、对外协调和申报中外合作办学等事务。4月5日，徐显明、朱勇、方流芳、许兰等与德国汉堡大学前任校长卢策（Jürgen Lüthje）先生、汉堡大学法学院院长图汉斯（Hans Heinrich Trute）教授、德国技术合作公司尤翰林（Hinrich Julius）教授会晤，双方就组建中欧法学院项目的竞标团队初步形成合作共识，并将就细节问题进行进一步磋商。所以当4月28日欧洲委员会在其网站公布《中欧法学院项目资助申请招标指引》时，法大已经提前做好准备。

然而，中欧法学院这朵骄傲的玫瑰究竟能花落谁家，在当时却仍是一个悬念。毕竟国内法学教育界的竞争异常激烈，北京大学、清华大学、中国人民大学等综合院校的法学实力均不逊于中国政法大学。

面对兄弟院校的竞争，中国政法大学积极应对，加大了争取中欧法学院项目的力度。首先是充分利用自身的资源，学校汇聚了一大批留欧归来的教师，为了集思广益，2007年5月21日下午，学校在昌平校区召开了留学欧洲人员座谈会，徐显明向与会教师通报了中国政法大学与欧洲学术交流的基本情况，宣布了学校申报中欧法学院项目的决定，希望留学归国的教师踊跃参与，配合中国政法大学的项目申报工作。与会人员围绕中国政法大学如何参与竞标、需要应对哪些问题、本人愿意提供哪些帮助，各抒己见，畅所欲言，不时引发坦率的争论。与会人员集中讨论的议题是：如何落实中国政法大学在竞争中欧法学院项目过程中提出的研究项目？会议最后就研究项目的申报形成了可行方案。

根据协议，中欧法学院的总成本在3000万欧元左右，欧洲委员会将提供1770万欧元，另外的1230万欧元将由大学团体共同筹集。与北京大学、中国人民大学等兄弟院校相比，中国政法大学在资金来源上一直处于劣势，而参与竞标空谈诚意不拿出基本条件显然是不现实的。2007年6月13日，徐显明主持召开了中国政法大学竞标中欧法学院项目的专题会议，最终会议确定了中国政法大学参与竞标的基本条件，包括中欧法学院设立于中国政法大学昌平校区，以明法楼和国际交流中心的部分场地作为教学和办公场所等。

在自身准备逐步开展之时，中国政法大学也没有放慢对外合作组建团队的脚步。2007年5月21日，国家检察官学院给中国政法大学发出书面回函，表示同意参加中国政法大学所在的竞标团队。6月初，清华大学法学院明确表示，院方愿意参加中国政法大学所在的竞标团队，将向清华大学校方报告相关情况，积极争取校方同意。同时，汉堡大学在欧洲也传来了好消息，该校征集竞标团队的加盟院校，取得了显著成绩。

2007年7月1日至7日，清华大学法学院院长王晨光教授、国家检察官学院副院长陈德毅先生与中国政法大学方流芳教授、郑永流教授、许兰教授同赴德国参加了在汉堡大学召开的竞标团队工作会议。以下机构的代表参加了会议：（1）德国汉堡大学；（2）西班牙马德里自治大学；（3）意大利博洛尼亚大学；（4）法国罗伯特舒曼大学；（5）法国巴黎政治学院；（6）瑞典隆德大学；（7）比利时鲁汶大学；（8）匈牙利罗兰德依亚托斯大学；（9）匈牙利中欧大学；（10）爱尔兰都柏林大学圣三一学院；（11）德国马普比较法与国际私法研究所；（12）德国布塞留斯法学院；（13）汉堡律师协会。此次会议就以下事项达成共识：（1）中欧法学院将设立在中国政法大学昌平校区；（2）竞标团队与中外合作办学协议当事人之间的关系；（3）基本组织结构；（4）工作日程。

2007年8月15日，国家法官学院院长怀效锋代表国家法官学院同意参加汉堡大学—中国政法大学竞标团队。截至2007年8月底，16所中外大学陆续签署了合伙人声明，组成以德国汉堡大学为代表的团队，参与竞争欧盟对中欧法学院的项目资助。至此，汉堡大学—中国政法大学竞争中欧法学院项目的团队基本形成，万事俱备，只欠东风。

2007年10月11日，欧盟组成项目评估团，到中国政法大学昌平校区进行实地考察。徐显明向欧盟评估团介绍了中国政法大学的历史沿革、教学设施、师资力量和周边环境等情况，回答了欧盟评估团提出的问题。欧盟评估团参观了学校昌平校区图书馆、国际交流中心、实验室和明法楼。在经历漫长的等待后，2007年11月26日，欧洲委员会宣布"汉堡大学—中国政法大学团队"在竞标中胜出。汉堡大学代表全体团队成员与欧洲委员会签署了资助协议。资助协议规定：欧洲委员会将在5年内投入17 512 574.64欧元，在中国政法大学昌平校区组建"中国政法大学中欧法学院"。据资助协议，2008年1月1日为中欧法学院项目启动日和2008年财务年度预算实施日。

竞标的胜利并非结束，而是意味着新挑战的开始。2007年11月28日，中华人民共和国国务院总理温家宝在北京出席第四届中欧工商峰会的时候发表重要讲话，称"中欧工商管理学院已成为众多优秀管理人士的摇篮，我们期待即将启动的中欧法学院培养出大批学贯中西的法律人才"，代表中国政府正式宣布了中欧法学院项目的启动。温总理的殷切希望带给团队成员的不仅仅是荣誉，更多的是一份沉重的责任。毕竟，中欧国际工商管理学院取得的成就举世瞩目，作为"新生儿"的中欧法学院在办学体制、课程设置、培养体制等各方面都一片空白，如何理顺各种关系，能否顺利通过国家教育部的批准，此时此刻都是需要解决的难题。

2008年2月，在与汉堡大学正式签署了《组建中国政法大学中欧法学院的中外合作办学协议》《中国政法大学中欧法学院中外合作办学章程》《中国政法大学中欧法学院中外合作办学申请表》等文件后，中国政法大学向北京市教育委员会正式提出申请，请求（越过筹建阶段）"正式设立"中国政法大学中欧法学院。同一天，学校将一式12套文件直接交送至教育部国际合作与交流司。北京市教育委员会依法报北京市人民政府。2008年4月21日，北京市政府对中国政法大学中欧法学院的设立提出以下意见，报教育部审批："中欧法学院是欧盟资助的政府合作项目，旨在培养熟悉中西方法律的专门人才，促进国家法制建设，其设立符合北京地区教育事业发展需要，并且具备发展优势，现申请批准设立中国政法大学中欧法学院。"2008年4月22日，北京市教育委员会将中国政法大学的上述申请和"北京市政府关于申请设立中国政法大学中欧法学院的函"转呈教育部国际合作与交流司。在中欧法学院组建过程中，中国政法大学与教育部国际合作与交流司一直保持密切接触。

2008年6月2日至6月3日，教育部就中欧法学院中外合作办学事宜举行专家评议会。徐显明向与会专家、官员报告了中欧法学院的组建、合规性操作和面临的问题。方流芳和考雷尼克分别向与会专家、官员介绍了中欧法学院项目的背景、筹备情况、合规性操作、财务制度、治理结构、招生培养计划等方面的情况。与会专家对中欧法学院项目给予充分肯定和高度评价，同时提出了建设性建议。2008年6月至9月，在召开3次中欧法学院项目工作会议后，中国政法大学向教育部提交了各种补充材料，就中外合作办学事宜、学院名称、颁发学位、管理委员会组成和联席院长制等向教育部进行了详尽的说明。

2008年9月17日，中华人民共和国教育部《关于同意设立中国政法大学中欧法学院的批复》（教外综函〔2008〕69号）批准设立中国政法大学中欧法学院。这表明中欧法学院这朵骄傲的玫瑰将在中国政法大学的校园里绚丽绽放。

↑ Susan Wintermuth 教授与中欧法学院学生（拍摄于 2019 年 11 月）

↑2014级国防生基础科目训练

↑2017年，法大国防生参加央视节目彩排

↑2020年，法大最后一届国防生毕业

↑国防生日常训练

↑在一年一度的"感动法大"评选中，国防生作为一个集体屡次获奖

↑武警国防生合影

法大校园里的 "橄榄绿"

——国防生的故事

法大校园里的"橄榄绿"

——国防生的故事

"当那一天真的来临，放心吧祖国，放心吧亲人，为了胜利我要勇敢前进……"2017年5月4日，法大30名国防生在严整巍然的方阵中，在央视唱响《当那一天来临》。他们齐整的军容、昂扬的士气、雄壮的歌声，深深感染了观众。

多少年来，法大师生早已习惯了校园里这一片"橄榄绿"的存在。他们是这样一群人：既穿着军装，又是在校大学生；既参加艰苦的军事训练，也专注于大学课堂的学习；既是军纪严明的武警战士，又是青春洋溢的翩翩少年。

微露的晨曦中，是他们风雨不辍的早操；西沉的夕阳下，有他们嘹亮的军歌；雪后的冬日，是他们用板凳集体除雪的身影；献血的车前，是一排排卷起的绿袖子。还有社区普法的热心解说、升旗仪式的严谨认真、奥运场馆的志愿服务、国庆游行的飒爽英姿、感动法大的标准军礼……

2005年至2017年，从第一届国防生到最后一届国防生，他们在法大校园里留下了太多太多故事。那一抹鲜亮的"橄榄绿"，为法大增添了阳刚而温暖的色彩，成为军都山下的美丽风景。

时间回到2005年。这一年的5月20日，中国政法大学与武警部队正式签订《武警部队依托中国政法大学培养干部协议书》。对于武警部队和法大，此次签约都具有重要意义。时任校长徐显明在致辞中表示，学校将培养最优秀的人才送往武警部队，为国防建设做出应有的贡献。

2005年9月，法大迎来第一批54名国防生，分入刑事司法学院，学校招收和培养国防生的序幕正式开启。

　　小小的校园里突然之间多了这么多身穿军装的人，对于老师和同学们而言，是一件十分新鲜的事。而除了身披军装，这些刚刚成年的小伙子也对刚刚开始的大学生活充满了憧憬。于是，在一次次的集合、列队、跑操、训练中，仍然稚气未脱的他们，在同学们好奇而又钦羡的注视下逐渐习惯、成长、成熟。

　　在校期间，国防生们除了学好专业课，还需要在武警驻校选培办的指导下完成各项军事训练任务，包括入学后第一学期的新训，以及日常的早操训练和周末训练。从国防生入学的那一年起，每周一、三、五的法大操场上就雷打不动地会响起国防生跑操的口号。除了在校期间国防生要参加日常训练，每年的寒暑假国防生还要完成进驻部队集中训练、见习代职、当兵锻炼等任务。

↑国防生日常训练

　　除了日常训练，大学生活里身着便服的国防生与其他法大学子并没有什么两样：为了选上心仪的老师而想尽办法抢课，火爆的课堂上没有座位就站着听课，在社团活动中也尽力展现着自己的各种才能……

不同的是，在困难面前，他们总是站在第一排；在志愿服务中，他们踊跃争先；在灾难到来时，我们知道，他们会冲在最前面！

冰雪世界中那片新净，並非神奇的魔法，而是年復一年默默付出的孔武有力

↑每年大雪降临，国防生们都集体出动，为师生扫雪

2009年，在四年的专业学习和在校训练结束后，法大首批国防生迎来了毕业，奔赴祖国各地。军都山下的校园生活结束了，真正的考验才刚刚开始。在毕业分配时，国防生们牢记自身使命，纷纷奔赴祖国最需要的岗位。2009届毕业生周鹏程自愿前往西藏就职，同届毕业生魏巍前往青海就职。从那时开始，法大国防生中就不断涌现出自愿报名前往新疆、西藏、青海等边远省份的优秀毕业生。

"我只是万千普通法大人中的一个，也是万千普通武警官兵中的一员，我所做的，都是我应该做的，而且我必须得做好。"2009年初夏的本科生毕业典礼上，主持人专门介绍了法大第一届毕业国防生，即将奔赴柴达木盆地的魏巍就在其中。数年间，在落日孤烟的茫茫戈壁，在袖珍年轻的高原新城，在巍峨雄伟的昆仑山脚，他延续着法大人的精神品格和优良传统，在平凡的岗位上坚守着法大给他的"不变的理想"。

在四年的法大学习和训练中，他们百炼成钢，从稚嫩的小伙成长为优秀的大学生，合格的军人。从2008年北京奥运会上的志愿者到国庆60周年群众游行队伍中的标兵骨干，从志愿服务时长超过500小时的社团达人到创业学业两不误、司考421分的学霸；从北京市大学生田径运动会的纪录缔造者到央视全国大中学生文艺汇演舞台上的合唱团；从法大校园里的国旗护卫队到江西抗洪大堤上的特战队员……

在无数次的历练和考验中，国防生队伍也在不断充实自身，获得成长与收获——国防生国旗护卫队长期负责学校日常以及重大活动的升旗任务，并且多次与兄弟院校国旗护卫队交流联谊；2014年学校国防生篮球队在参加首届首都高校国防生篮球赛中勇夺冠军荣誉；国防生社团——橄榄绿协会多次获得校十佳社团称号，橄榄绿协会创办的《法大橄榄绿》公众号在宣传国防生的生活、工作、训练中发挥着重要作用。

2015年6月，在总参、总政组织的北京毕业国防生军政素质考核中，6名法大国防生取得了军政理论考核满分，刷新了本考区的纪录（北京地区满分人数共8人）。

十二年来，法大国防生1496人次获得校级以上各类奖学金、竞赛奖项，342人加入党组织，116人志愿到新疆、西藏、青海、甘肃、云南等边远艰苦地区部队建功立业。

优秀毕业生在基层部队也不断获得各项荣誉。2010届国防生陈寒水被评为优秀"四会"政治教员；2011届国防生杨军成在缉毒任务中获得二等功荣誉；2015年在武警部队年度优秀"四会"政治教员评比中，2012届国防生孙博通获得"十佳政治教员"；2013届国防生雒明鑫也在同年被评为武警部队"优秀教练员"。还有更多优秀的毕业国防生在全国各地的基层部队默默奉献，在国防建设中融入法大人的身影。

也正因此，在一年一度的"感动法大"评选中，国防生屡次作为一个集体获奖。他们坚忍不拔的品格和无私奉献的精神，一次又一次地感动了法大师生。

2017年5月26日，国防部新闻局发布消息，自2017年起不再从高中毕业生中定向招收国防生，也不再从在校大学生中考核选拔国防生。这意味着实行18年的国防生培养制度即将成为历史。

其实，国防生制度的变更早在之前就已经发出信号。2015年，国防生招生数量开始降低，法大国防生的招生数量从一百人降低到了五十人，而同样招收武警国防生的北京林业大学于2016年就已停止招收国防生。

国防生停招后，在在校国防生的培养中，驻校选培办依旧按照高标准、严要求，对在校国防生进行严格管理。仪容仪表、内务卫生、军事训练等一件一件的小事在选培办教官的指导下从未降低标准。对于教官来说，送走最后一届国防生就是站好最后一班岗；对于在校国防生来说，保持国防生鲜艳的旗帜就是在校期间的使命。

2018年国防生分流政策开始实施，毕业分配政策从原有的基层军官改变为可以选岗，也可以选择退出国防生队伍或者成为部队文职人员。对于当时在校的三届国防生来说，他们相比于往届国防生拥有了更多的选择自由，有人选择了离开，有人选择依旧坚守。2018届国防生大部分依旧奔赴祖国各地，完成作为国防生的使命。2019年，法大国防生分配政策再度变化，分配单位改为武警部队的海警总队，十余名国防生奔向各地海警驻地，谱写新的国防生之歌。

据统计，从2005年武警部队与法大建立依托培养关系至2017年，学校共招收武警国防生12批次868人，覆盖了法学、行政管理、侦查学等多个学科专业。

十余年来，法大国防生以其崇高的品格、无私的奉献和出色的成绩，为身上的"橄榄绿"增添了荣耀，为法大赢得了荣誉，更为"法大国防生"这五个字，铸就了永不褪色的荣光！

酷暑中铺开一地绿荫，严寒中捧出一片春意；

雨来时撑起一方晴空，风起时竖起一面墙壁。

风知道你，雨知道你，橄榄绿的付出无声无息；

山知道你，水知道你，橄榄绿的奉献全心全意……

再见了，国防生！再见了，法大校园里永远的"橄榄绿"！

（文/张培坚 黄雨薇 沈亦蒙）

↑2009年10月1日，"依法治国"方阵走过天安门前

↑2009年10月1日，法大学子参加庆祝中华人民共和国成立60周年群众游行

迎面走来的是"依法治国"方阵

↑2019年，参加国庆群众游行方阵的师生在训练

↑2019年10月1日，法大学子参加的第二十二方阵彩车走过
　天安门前

↑群像

↑"民主法治"方阵中，法大师生以饱满的
　热情、坚定的步伐，随着方阵中央的彩车
　行进在天安门前

迎面走来的是"依法治国"方阵[1]

自1952年建校以来，中国政法大学始终与国家同呼吸、共命运，致力于国家建设、服务于全面依法治国。法大的师生也始终心系家国，积极投身中国特色社会主义法治建设。

学校的前身——中央政法干部学校和北京政法学院，在20世纪50年代为刚刚建立的人民政权培养了大量的政法干部。他们以坚定的政治信念、过硬的专业素养，在新中国的立法、检察、审判、公安、司法行政、法学教育等各条战线上，为治国理政默默奉献力量，做出自己的贡献。

70年来，法大师生始终坚持在"依法治国"方阵里，积极参与立法、维护公平正义、促进社会稳定、保护人民群众、依法惩治犯罪、促进法治建设，是全面依法治国的重要组成部分。

而在庆祝中华人民共和国成立60周年群众游行中，法大学子真正站在游行队伍里，与来自中直机关、中央国家机关、北京市直机关的队员一起组成"依法治国"方阵，意气风发、昂首阔步走过天安门前。这一方阵向世人昭示：新中国将一直沿着"依法治国"的轨迹前行，足音将愈加铿锵有力。[2]

这一天，是2009年10月1日，祖国的第60个生日。在全球直播的镜头前，1000余名法大学子精神昂扬，穿着统一的节日服装，簇拥在一辆矗立有巨幅《中华人民共和国宪法》模型的"依法治国"彩车四周，接受党和人民的"检

---

[1] 本文参考了徐伟："依法治国 足音铿锵 '依法治国'方阵背后的故事"，载 http://www.qlfz365. cn/weifang/wffzxw/200910/2006.html，最后访问时间：2021年11月3日。

[2] "新中国60周年庆典：'依法治国'方阵意气风发"，载《法制资讯》2009年第021期。

阅"。站在彩车上的是奋战在全国政法各条战线上的20位政法英模代表——他们组成了一道中国特色社会主义法治事业建设者和捍卫者的亮丽风景线。法大校友、全国模范法官宋鱼水就在彩车上面,站在庄严的《宪法》前,向全世界宣告着"依法治国"的成就。

从天安门前的东华表至西华表,总计170米的距离。但就是这170米的距离,整个方阵2323名队员为了展示最好的精神面貌、走出"依法治国"的精气神,在两个多月的时间里进行了艰苦的训练。

自7月22日"依法治国"方阵组建以来,短短的两个多月里,方阵全体队员共同经历了基础训练以及多次合练,并顺利完成了3次天安门演练。参训队员需要进行原地踏步训练、手持道具表演动作训练、整体行进训练,达到基础动作扎实、横排面整齐、步幅步速准确、块移动协调一致的要求标准。

7月,正是北京最热的时候。同学们放弃了暑假,放弃了在空调房里的舒适生活,选择了在酷暑中接受祖国的考验。在完成基础训练后,同学们还需要乘车远赴合练场,与来自中央和北京市机关单位的队员进行合练。

不期而至的雷雨和炙烤万物的烈日是训练中的"家常便饭"。8月1日,方阵队员正在某师训练场演练,突然电闪雷鸣,大雨倾盆而下。隔天,各方阵在某机场进行2万多人的合练,盛夏的骄阳把地面烘烤得像蒸笼,大家在热浪的包裹下,脚踏着高温水泥跑道,在密不通风的合练队伍中列队、行进、奔跑,不一会儿就大汗淋漓。

"依法治国"方阵的一名队员回忆道:"尤其是8月29日那天,20万人在天安门广场进行第一次大合练,我们克服了冷、困、累的煎熬,在长达11个小时的合练中,始终保持了昂扬的斗志。"[1]

在方阵两千余人的共同努力下,"依法治国"方阵顺利通过天安门前,"毫秒不差",光荣地完成了任务,在共和国的庆典上留下依法治国的铿锵足音。

---

[1] 徐伟:"依法治国 足音铿锵 '依法治国'方阵背后的故事",载 http://www.qlfz365.cn/weifang/wffzxw/200910/2006.html,最后访问时间:2021年11月3日。

十年后，还是长安街，还是天安门前，中国政法大学的学子，又一次站在国庆群众游行的方阵中，见证祖国的强大与繁荣，向世人展示新中国"全面依法治国"的历史成就。

2019年10月1日，中华人民共和国成立70周年庆祝大会、阅兵式、群众游行在北京天安门广场隆重举行。1063名法大师生参加了以"同心共筑中国梦"为主题的群众游行，与来自北京市直机关大队的人大代表、政协委员、民主党派和无党派人士、宗教界人士、公务员等1236名首都各界群众，构成国庆70周年群众游行第二十二方阵。此外，还有73名师生加入千人合唱团，参与晚间举行的广场联欢活动。

他们在第二十二方阵——"民主法治"方阵中，以饱满的热情、坚定的步伐，随着方阵中央的彩车行进在天安门前。彩车上，人民大会堂的五星穹顶星光灿烂，中华人民共和国宪法庄严神圣。簇拥在彩车周围、身着鲜艳服装的中国政法大学学子们摇动着手中的红旗与花束从天安门前走过，以明媚的笑容和饱满的热情向祖国母亲献上最真挚的祝福。

"这几个月，我们曾见过凌晨1点的夜空，见过清晨5点的朝霞，也曾在长安街共赏中秋的圆月；我们从'波浪'走成了直线，从'飞机阵型'走到了标准方形；我们走过学校的绿茵场，走过阅兵村的水泥地，也走过长安街的阅兵大道。这一切都只为通过天安门那神圣时刻的到来！"方阵队员、2017级刘桂彤同学回忆艰苦的训练过程时说。[1]

当年7月，参加方阵的师生放弃了原定的暑假安排，投入酷暑中的训练。教练员训练、骨干训练、全员训练……在基本训练的基础上，师生共计外出演练13次，其中骨干外出训练3次、彩车合练1次、全员合练和预演共9次。

为了保障训练效果，完成这项光荣的任务，作为方阵主要组成来源和主责单位，学校党委成立了专项工作领导小组，学校各部门全力支持方阵训练组织

---

[1] "我校千余名师生参加国庆70周年'同心共筑中国梦'主题群众游行和广场联欢"，载 https://news.cupl.edu.cn/info/1011/30392.htm，最后访问时间：2021年11月4日。

工作，积极为方阵训练和开展工作创造有利条件，为师生顺利、愉快训练提供了坚实保障。

"31排38号"，这是康乾伟的点位号，也是他三个多月来用汗水浇灌的坐标。退伍归来的他，在场上不仅是队员，更是教练员。拥有双重身份的康乾伟也因此承担着更多的任务：一个一个纠正动作、一列一列对齐排面，用自己的经验帮助着其他队员。

除了在训练场上挥汗如雨的正式队员，还有"替补中队""道具安检组""后勤保障组"等许许多多的老师和同学们，在为此次阅兵付出着自己的努力。

被称为"替补中队"的特殊中队，全队的26名成员没有固定的点位和动作，却需要将不同区域的三套动作了然于胸，在其他中队排面缺人的时候进行完美的补充衔接，这给替补中队成员的训练带来了更多的难度和挑战。"哪里缺人，我们就补到哪里"，"把小事做到极致，就是一种成长，要做二十二方阵的'最美备份'"！就这样，一次次"包夹彩车"的迅速集合，一场场训练过程中的准确补位，作为备份的他们和正式点位的师生一样，将满分的热情投入训练。[1]

作为二十二方阵的"核心关节"，道具安检组的师生不曾亲临长安街，始终坚守、默默等待在操场一隅，或陌生的临时驻地，或天通苑北站的"堡垒"中。1089件正式道具，"发"，全数核发、一个不多；"收"全数清收、一个不少。

在国庆70周年群众游行活动中，像道具安检组一样默默付出的法大人还有后勤保障组的老师和同学们，统计人员数量、有序分发物资、高效组装餐包……后勤保障工作体量大、要求高，刚刚接手工作的时候，每个成员都面临着不小的压力，1000多名队员的物资集中发放对后勤成员们来讲就是一场考

[1] 冯思琦、郎朗、秦新智："黄琼芬：二十二方阵的'最美备份'"，载 https://news.cupl.edu.cn/info/1018/30937.htm，最后访问时间：2021年11月5日。

验。在工作组的不断摸索下，物资发放效率不断提高，为参加训练的师生提供了有效保障。

青春献礼祖国。无论是走过天安门的铿锵脚步，还是在幕后组织保障的默默奉献，那一天的长安街，成为上千名法大人的共同回忆。

从国庆60周年的"依法治国"方阵到国庆70周年的"民主法治"方阵，法大人全情投入，用饱满的青春激情向祖国献礼。在共和国70多年的法治道路上，一代代法大人如浪花般奔涌向前，意气风发地行走在法治中国的康庄大道上，让青春之花在祖国和人民需要的地方生根发芽。

（文/张培坚）

立德树人，德法兼修
——时刻牢记习近平总书记的嘱托

立德树人，德法兼修

——时刻牢记习近平总书记的嘱托

2017年5月3日，在中国政法大学发展史上是一个值得被浓墨重彩书写的日子。这一天，中共中央总书记、国家主席、中央军委主席习近平来到法大考察并发表重要讲话，为法大师生留下了殷切的嘱托。他强调，全面推进依法治国是一项长期而重大的历史任务，要坚持中国特色社会主义法治道路，坚持以马克思主义法学思想和中国特色社会主义法治理论为指导，立德树人，德法兼修，培养大批高素质法治人才。

这既是中国政法大学历史上的一件大事，也是中国法学教育和全面依法治国进程中值得载入史册的瞬间。

2017年的暮春时节，中国政法大学校园内满目青葱、一派生机。5月3日上午9时20分，习近平总书记来到法大校园，所到之处，"总书记好！""您辛苦了！"的呼唤声此起彼伏，而总书记也是自始至终一脸笑意、和蔼可亲。当总书记看到现场同学们争先恐后握手，他满眼笑意看着学子们说"不要拥挤"，看到几个排队的都是女学生，他又笑道："这是未来的女法官们！"此言一出，师生们一起笑了起来。

习近平总书记首先来到逸夫楼一层大厅，参观校史及成果展。一张张图片，一件件实物，见证了几代党和国家领导人对中国政法大学和中国法治建设的关心和支持，展示了中国政法大学的发展历程，习近平总书记不时驻足观看，询问有关情况。

"展板前，习近平总书记看得很认真，不时地询问照片的一些细节。总书记重点看了学校人才培养、社会服务、科学研究、国际交流的情况，在这几处驻足的时间比较长。"校长马怀德当时担任习近平总书记考察法大时的讲解，他回忆说，玻璃展柜里，中国政法大学整理出版的一套《沈家本全集》十分醒目，辑录了我国近代著名法学家沈家本的生前著述。总书记拿起全集翻阅，他对沈家本很了解，说沈家本先生是湖州人，主要是做刑事法律的。他还看了学校张晋藩先生撰写的《中华法制文明史》的英译本、日译本和韩译本。

展厅右侧上方，两张翻拍的聘书照片吸引了总书记驻足观看。这是时任福建省省长的习近平给中国政法大学教授应松年等颁发的福建省人民政府法律顾问聘书。"当总书记看到这个聘书的相关照片时，转身对刘延东副总理讲：你看，我在福建工作时就很重视法治，聘请了法律顾问。"

亲切地握手，关切地询问，殷切地叮嘱……观看完展览，习近平总书记亲切会见了学校张晋藩、廉希圣、李德顺、王卫国、卞建林五位资深教授。这几位参与新中国法治进程的教授们讲述了他们对法治精神和治学方法的思考，习近平感谢他们为法治理论研究和法治人才培养做出的贡献，希望他们继续贡献才智，祝他们生活愉快、身体健康。参观结束时，习近平同中国政法大学领导班子成员和几位老教授合影留念。

92岁高龄的法大终身教授张晋藩回忆说："总书记走出来第一个和我握手，说他看过我的书。总书记很平易近人，和蔼可亲，对老教师很尊重。"回想起当年在法大校史展前与习近平总书记面对面交流的场景，卞建林仍感激动和振奋："总书记提出了法治人才培养的明确目标，指引着法学教育的长远发展。"

随后，总书记来到学生活动中心一层大厅，参加民商经济法学院1502班团支部正在开展的"不忘初心跟党走"主题团日活动。

"当时我们46位同学正在讨论焦裕禄的纪录片，团委书记走进来说：'同学们，总书记来看望大家了！'看见总书记走了进来，同学们爆发出热烈的掌声。总书记走进我们中间，坐下后问我们是哪个学院的、哪个班的，示意我们继续刚才的讨论。几位同学从不同角度畅谈观看电影《焦裕禄》的体会，习近平总书记认真倾听，并参与讨论。"民商经济法学院本科生蔡仁杰回忆道。

习近平总书记语重心长地对同学们说，新中国成立以来，我们党和人民一路筚路蓝缕、艰苦奋斗走来，使国家越来越富强、民族越来越兴盛、人民越来越幸福，其中很重要的一条就是有无数焦裕禄这样的优秀党员、干部为党和人民无私奉献。焦裕禄同志的事迹归结到一点，就是坚定跟党走，他一生都在为党分忧、为党添彩。焦裕禄精神跨越时空，永远不会过时，我们要结合时代特点不断发扬光大。希望大家矢志不渝，用一生来践行跟党走的理想追求。共青团是党的助手和后备军，要始终保持先进性，广大团员青年坚定跟党走，就是初心。不忘这个初心，是我国广大青年的政治选择，也是我国广大青年的人生航向。

此外，习近平总书记还勉励同学们珍惜韶华，潜心读书，敏于求知，做到德智体美全面发展，毕业后为祖国和人民施展自己的才华，实现自己的人生价值。

参加团日活动的同学回忆，习近平总书记听大家发言时非常认真，有一个细节让他们难以忘怀：当坐在总书记身后的同学发言时，总书记会转过身来，面对着发言的同学聆听。

杨奕是社会学专业的学生，那天她全程聆听了习近平总书记的讲话。"法律在于实施，实施在于人民"，总书记的这句话让她感触颇深。她感到，总书记不是空泛地谈法治，而是点明了依法治国的根本在于人民的实践和法治人才的培养。而在座谈会结束时，杨奕第一次握住了总书记的手。

主题班会结束后，习近平总书记来到学生活动中心三层会议室，同中国政法大学师生和首都法学专家、法治工作者代表、高校负责同志座谈。

终身教授张晋藩是座谈会的4位发言者之一，他做了时长6分钟、题为"依法治国的历史借鉴问题"的发言。张晋藩说，总书记讲到了德法互补的问题，提到中国古代的一些法律，讲到管仲、李悝等法家，一些法家的名言也是信手拈来。

"座谈会没有固定的主持人，总书记自己担任了'串场'的角色。"法学院教授焦洪昌回忆道，对每一位发言的老师和学生，总书记都一一认真地对应名字，并不时有眼神交流，还摘录了一些精彩发言放到自己的总结发言里。"总结一句话就是轻松融洽没有丝毫官气。"整个座谈会，总书记金句迭出，从"法治昌明则国泰民安，法治松懈则国乱民怨"到韩非子的"奉法者强则国强，奉法者弱则国弱"，继续推进全面依法治国的决心铿锵可见。

考察结束时正值下课时间，闻讯而来的师生们站满校园道路两旁，习近平总书记沿路同师生们热情握手，向远处的师生们挥手致意。热烈的掌声和欢呼声经久不息，荡漾整个校园。

"青年要立志干大事，而不是当大官、求大名、图大利；立志为国家、为人民、为社会多做贡献，而不是只顾个人、只顾小家、只顾亲友；有了这样的志向，就有了正确的人生航向，有了不竭的前进动力。""青年要扣好人生第一粒扣子，这第一粒扣子就是早立志向、有正确的价值观。""志向是奋斗的原动力，也是人生的定盘星。"习近平总书记考察法大时的这些金句，一直激励着法大学子前行。

一年后，为把学习习总书记考察法大重要讲话精神引向深入，牢记总书记在主题团日活动上对同学们的殷殷嘱托，中国政法大学以"不忘初心跟党走，总书记教诲记心间""探寻初心，感受总书记的七年知青岁月"为主题，先后组织1502班全体团员青年前往河南省兰考县、陕西省延川县梁家河村，开展了两次主题教育实践活动。

在兰考，同学们参观焦裕禄亲手种下的"焦桐"和总书记种下的"习桐"，切身感受焦裕禄精神的力量与传承。在梁家河，面对着总书记担任大队党支部书记时建起的知青淤地坝、陕西第一口沼气池、缝纫社、代销店、磨坊和铁业社以及打下的饮水井和住过的3孔窑洞，倾听着总书记与梁家河父老乡亲同甘共苦、刻苦读书的感人故事，同学们的心灵受到一次次的震撼。

榜样的力量带来更多奋斗的动力。2018年4月，从兰考回来后，由当时参加主题班会并发言的郭司雨执笔，将1502班这一年的成长以长信的形式汇报给总书记。信中写道：一年来，同学们牢记总书记教诲，自觉用行动践行"不忘初心跟党走"的誓言。大家积极向党组织靠拢，一些同学正式入了党，一些同学成了预备党员和入党积极分子。发起的"不忘初心跟党走，青年立志做大事"倡议活动，得到几千名法大学子响应。大家还积极参加普法、支教等志愿服务活动，到梁家河和兰考县参观学习。通过深入的思考和实践，同学们进一步坚定了永远跟党走、为国做贡献的决心。

2018年五四青年节前夕，1502班团支部全体同学收到了习近平总书记委托工作人员带来的勉励语。习近平对同学们立志"不忘初心，用一生来践行跟党走的理想追求"予以充分肯定，勉励他们坚定信仰、砥砺品德，珍惜时光、勤奋学习，努力成长为有理想、有本领、有担当的社会主义建设者和接班人，为法治中国建设、为实现中华民族伟大复兴中国梦贡献智慧和力量。

时序更替，华章日新。习近平总书记考察法大并发表重要讲话已经过去5年，但却深深地印刻在学校的发展历史上，成为法大最为闪耀的里程碑时刻。总书记"立德树人，德法兼修，培养大批高素质法治人才"的谆谆教诲和殷切嘱托更是牢牢铭记于全体法大人心中，成为学校管党治党、办学治校的基本遵循和干事创业、共谋发展的行动指南。

数年来，中国政法大学深入学习贯彻习近平总书记重要指示精神，不忘初心、牢记使命，坚持服务国家战略，不断探索立德树人新高度，继续引领法学教育新发展，大力推进创新发展中国特色社会主义法治理论体系研究，做好全面依法治国的服务者。

党委书记胡明表示，"学校始终把习近平总书记的勉励和要求贯穿于人才培养的全过程，搭建了以习近平法治思想概论为核心的课程体系，培养了一批勇当基层法治建设排头兵的法大学子。未来，学校将进一步提高政治站位、扛牢政治责任，全面贯彻落实习近平法治思想和习近平总书记关于教育的重要论述，坚持不懈、久久为功，切实增强落实习近平总书记考察中国政法大学重要讲话精神的使命担当，以推动高质量发展为主题，引领新时代法学教育改革创新，为助力全面依法治国、实现中华民族伟大复兴中国梦贡献智慧和力量"。

（文/黄楠　张培坚）

↑各个时期的校徽

↑20世纪50年代中央政法干部学校校徽，铜质珐琅材质，编号1335

↑20世纪50年代北京政法学院学生校徽，铜镀铬油漆材质，编号1206

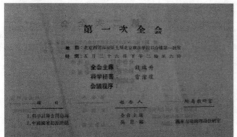

↑1956年5月北京政法学院第一次科学讨论会计划，钱瑞升任全会主席，雷洁琼任科学秘书

↑20世纪50年代北京政法学院图书馆借书证

↑1983年中国政法大学第一届学生校徽（研究生院），铜质油漆材质，编号83-学05243

↑20世纪80年代中国政法大学校服领章，铝质油漆材质。正面图案由钢笔、书本和"政法"二字构成

↑20世纪50年代《北京政法学院记分册》

↑1983年5月7日，中国政法大学暨进修学院
　成立大会请柬、门票和代表胸标一套

↑20世纪50年代北京政法学院图书馆借书证
　（崔炳锡）

↑1957年4月，北京政法学院教务处编印
　《北京政法学院概况介绍》

老物件里的法大情怀

老物件里的法大情怀[1]

在法大生活学习过的人，在毕业以后，往往喜欢保留自己在校期间的老物品，如标志着正式成为法大人的录取通知书，大学期间使用过的教科书、笔记本、校徽，等等。这些小小的物件，记载着那一段恣意飞扬的青春岁月，记录着自己无悔的奋斗生涯，保存着最美好的时光。离开学校以后，它们成为压在箱底的尘封记忆，也成为不时想起、难以割舍的一段法大情怀。

校徽

如今的法大已经不再配发校徽，学校里也没有人再佩戴校徽了。但是在当年，镌刻着"北京政法学院"或"中国政法大学"几个大字的校徽不仅是表明身份的重要标识，更是代表着使命与光荣——曾经有一段时间，北京政法学院部分专业是按照保密专业来招生的。

20世纪50年代的北京政法学院校徽采用毛体校名，师生分开，学生校徽为白底红字，教师校徽为红底白字，均采用铜镀铬油漆材质，每个校徽背面都刻有单独编号。到了20世纪60年代，北京政法学院校徽略有变化，改用金字，材质也改为铜质珐琅。

同一时期，中央政法干部学校校徽风格与北京政法学院类似，采用铜质珐琅材质，白底红字。

1983年中国政法大学成立后的第一版校徽采用的是毛体集字"中国政法大

---

[1] 本文参考了中国政法大学政治与公共管理学院2005级国际政治专业宋扬校友收藏的法大校史文物。

学"，铜质油漆材质，本科生为白底红字，研究生为红底白字。同样，在每一枚校徽背面，都刻着独立编号，如"83-学05×××"。

此后，校徽设计并无太大变化，只不过改用邓小平同志题写的"中国政法大学"，且不再编号，也不再配发了。因为不再配发，也不要求在某些特定场合佩戴，校徽逐渐成为纪念品，成为特定年代的回忆。

录取通知书

一纸录取通知书，来自天南海北的学子从此成为一名法大人。薄薄一页纸，改变了多少人的命运——从懵懂青涩，到秉持"厚德、明法、格物、致公"的理念；从一知半解，到领悟"法治天下"的远大抱负；从贪玩耍酷，到担负起民族复兴的光荣使命，数十年来，多少学子走进校门，又从这里走向人民，走向国家建设的岗位。

最初的录取通知书，无论是北京政法学院，还是中央政法干部学校，都保留着那个年代的特色：白纸黑字，一个大大的校印将学校的精神倾注于斯。在大学扩招以前，这张小小的纸片承载了多少人的梦想，也成就了多少优秀人才。极低的录取率，让它显得尤为珍贵。在中国政法大学成立之前，北京政法学院的本科生仅1600人，每年仅招收400人。中国政法大学成立后设立研究生院，当年教育部批准的研究生招生人数也仅有100人。[1]

随着时代的发展，法大录取通知书的形式也更加多样，设计也更加美观，并逐渐加入和学校有关的各种元素，如校训、入学誓词及标志性的校园景观。校门是最为常见的标志物，此外，图书馆、端升楼、主楼等景观照也曾出现在录取通知书上。像拓荒牛、"校花"白玉兰，如今已成为法大精神的象征，它们代表法大，在录取通知书上迎接来自四面八方的学子。

---

[1] 刘长敏主编，张培坚主笔：《甲子华章：中国政法大学校史（1952～2012）》，中国政法大学出版社2012年版，第105页。

饭卡

如果说在学校，有哪件事与同学们息息相关、不可或缺，除上课学习的主业之外，肯定是吃饭了。法大食堂虽然不大，风味却十分多样，从麻辣烫到小笼包，从面条饺子馄饨到意面糕点，从清真食堂到南方风味，基本满足来自不同地区的口味差异。

许多毕业多年的校友回到母校，总是想再吃一顿食堂的饭菜——这些当年被同学们一再吐槽的大锅饭，离开多年后却成了令人怀念不已的"法大味道"。

在信息时代以前，尤其是粮食紧缺的年代，和中国其他地方一样，在法大吃饭是凭"饭票"的。每位学生，按照定量发给一定的饭票，食堂就以饭票为凭证进行供给。甚至在进入新世纪以后，学校澡堂还依然使用小薄纸片制成的"澡票"。这些以各种材质印制的饭票在物质丰富的今天已再难寻找，也成为记忆里难忘的风景。

进入信息时代，中国社会发生翻天覆地的变化，法大的信息化建设迅速推进。于是，如新世纪初的IC电话卡一样，学校推出了接触式IC卡饭卡。此类饭卡需要将带芯片的一端朝前插入刷卡机中，才能顺利读取数据。尽管如此，还是比纸质饭票进步了一大截。

要说最有特色的饭卡，不得不提"开洞式"的南开光电太阳卡。这张光电卡正面印制法大校徽、校名、主楼景观照片，和一个代表"饮食"的图标。而最独特的，是卡面上遍布的椭圆形"洞洞"。这些开洞以不同的排列方式，组成不同的识别码，刷卡时将卡片插入刷卡机中，由机器识别"洞洞"的排列组合读取卡片信息。

这种开洞的方式十分独特，但缺点也显而易见：一是仍需插卡，效率较低；二是"洞洞"的排列方式可以轻易仿制。于是便有同学担心饭卡丢失，自己通过在其他卡片上凿洞来实现卡片复制。

这个缺点很快在下一代升级中得到解决。仍然是这张蓝色的太阳卡，"洞洞"不见了，刷卡方式也改为非接触式，更加便捷高效。

2009年，学校信息化建设再次升级，数字化校园建设的直观体现是"校园一卡通"的出现。校园一卡通不仅采用非接触式射频IC卡，而且具备身份识别、电子钱包等功能，可以与银行卡绑定进行自助圈存。从此以后，充饭卡可以在机器上自助实现，再也不用到窗口排长队了。

此版校园一卡通由2005级在校生何文俊同学设计，分为教工卡、学生卡、临时卡。教工卡和学生卡正面印刷持卡人的姓名、部门、照片等信息，作为身份识别证明。正面以学校经典风光为背景，背面以玉兰花和与法大相关的关键词为设计元素，设计得体而独具特色。

如今，随着时代的发展，校园一卡通可以线上充值，甚至在食堂也可以在不带卡的情况下刷码支付，连圈存机都不用了。

除了以上列举的三个经典物件，其他如图书馆借阅证、写得满满当当的笔记本、盖满注册戳的学生证等，都是学生时代满满的回忆。不知您是否还记得，当年排着长队办理的北京公交学生月票？当那个年代的法大人如今刷手机、手表、手环无感支付坐地铁的时候，是否会想起那一年学校附近公交充值点外那刺骨的寒风？

时光匆匆，岁月易逝。当你年老，在冬日的暖阳下掏出箱子最深处那深藏的老物件，怔怔地盯着上面的校徽，以及那依旧闪闪发光的"中国政法大学"，眼角的泪光，映照着军都山下、小月河边的青春岁月。那正是我们心心念念的法大啊，那是难以磨灭的"法大情怀"。

（文/张培坚）